Langenscheidt
Grundwortschatz

Deutsch
als Fremdsprache

Englisch — Deutsch

Langenscheidt

München · Wien

Herausgegeben von der Langenscheidt-Redaktion
Lektorat: Susanne Franz (susanne@franz-online.com)
Grafik-Design: Ute Weber
Cover-Illustration: Arndt Knieper

Ihr Zugangscode für den kostenlosen Download der Vertonung:
gaw234 auf **www.langenscheidt.de/audiowortschatz**

www.langenscheidt.com
© 2017 Langenscheidt GmbH & Co. KG, München
Satz: preXtension, Grafrath
Druck und Bindung: Druckerei C. H. Beck, Nördlingen

ISBN 978-3-468-20130-1

Introduction

Dear Student,

This „Grundwortschatz Deutsch als Fremdsprache" from Langenscheidt is designed to help you develop a comprehensive basic vocabulary of German words and phrases. The vocabulary has been selected on the basis of frequency of use and current relevance. As a result, we have included not only important terms from the digital world but also significant vocabulary specific to Austria and Switzerland.

Structure of this Book

The words and phrases in the book are **arranged by topic**, each covering a different aspect of everyday life. Then, to make learning easier, the vocabulary within the chapters is further grouped on the basis of meaning and context. For most words, there is also an example of the word in use in a **typical sentence**. Exceptions are specific terms such as food, animals and plants, the meaning of which can be clearly understood with the English translation.

Grammatical Information

The word type is specified for each word. Often there is more information:

- In the case of **nouns** (*n*), you will also find the article and the form of the nominative plural.

- **Feminine forms denoting occupation or relationship** are, however, only listed in the singular, as the plural is usually formed regularly, e.g.

  der Lehrer, die Lehrerin, Lehrer *n*: The feminine plural form **Lehrerinnen** is derived from the singular form **Lehrerin**.

  Irregularly formed plural forms, on the other hand, are listed individually:
  der Cousin, Cousins *n*
  die Cousine, Cousinen *n*

- Where there is no distinct feminine plural form, the **plural form is used for both genders**:
  der Erwachsene, die Erwachsene, Erwachsenen *n m-f*

- In the case of irregular verbs (*v-irr*), the forms of the third person singular are presented in the Präsens, Präteritum und Perfekt tenses. For verbs with a prefix such as **vorlesen**, **anziehen** or **aussehen**, you will find the irregular forms next to the corresponding verb without the prefix, e.g. **lesen, liest, las, hat gelesen**.

- In addition, **certain verbs are separable** and this is indicated by (*v-sep*) next to a verb.

Pronunciation and Sound Recording

You will find an overview of **the most important rules of pronunciation of German** on pages 9 – 12. In addition, professional speakers have recorded the complete vocabulary and the sample sentences, in both German and English, so that you have the opportunity to listen to and practice the vocabulary. This way, you can train your pronunciation and vocabulary with or without the book and use the recording to check your progress. You will find the access code to the **free audio download** in the Impressum of this book.

Further Help

- For many words, you will find **additional tips** regarding usage or possible sources of error.

- In the **Register** you can quickly look up all the words in both languages.

Finally, we wish you lots of fun and success with this phrase book,

Your Langenscheidt editorial team!

Topics

People _____ **13**
Personal Information _____ 13
Character Traits _____ 15
Looks _____ 17
   Appearance _____ 17
   Clothes and Shoes _____ 19
   Accessories _____ 21
Social Relationships _____ 22
   Family _____ 22
   Partnership and Marriage _____ 23
   Friendship and Other Social Contacts _____ 25
Life Cycle _____ 26

Perceptions, Communication and Activities _____ **29**
Thinking and Feeling _____ 29
   Thoughts _____ 29
   Feelings _____ 31
   Sensory Impressions _____ 33
Speaking Situations _____ 34
   Conversations _____ 34
   Questions, Requests and Answers _____ 36
   Orders and Prohibitions _____ 38
   Discussions and Agreements _____ 39
   Conflicts _____ 41
   Greeting and Taking Leave _____ 42
   Common Phrases _____ 43
Actions and Behaviour _____ 44
   General Activities _____ 44
   Endeavours and Plans _____ 47
   Help, Duty and Reliability _____ 48
   Owning, Giving and Taking _____ 49

Body and Health _____ **51**
Body Parts and Organs _____ 51
Illness and Physical Impairments _____ 52
Medical Examinations and Hospital _____ 55
Emergencies _____ 56
Personal Hygiene _____ 57

Education _____ **59**
Learning _____ 59
Language _____ 63
School, University and Training _____ 65

Career _____ **67**
Professional Life _____ 67
Occupations _____ 68
Office Activities and Equipment _____ 70
Application, Recruitment and Termination _____ 71
Conditions of Employment _____ 72

Cultural Interests _____ **74**
Reading _____ 74
Music _____ 75
Art _____ 77
Theatre and Film _____ 78

Leisure Time _____ **79**
Celebrations _____ 79
Public Holidays _____ 80
Going Out and Recreation _____ 80
Sport _____ 82
Hobbies _____ 85
Shopping _____ 86
  Choosing and Paying _____ 86
  Shops _____ 90

Nutrition _____ **91**
Nutrition — General Terms _____ 91
Bread, Pastries and Cereals _____ 93
Fruit and Vegetables _____ 94
Meat, Fish and Dairy Products _____ 95
Spices, Herbs and Other Ingredients _____ 96
Sweets, Snacks and Tobacco _____ 96
Beverages _____ 97

Restaurants and Cafes _____ **98**
Restaurants _____ 98
Dishes and Snacks _____ 98
Serving, Ordering and Paying _____ 99

Accommodation _____ **101**
Houses and Apartments _____ 101
Rooms and Living Areas _____ 102
Facilities _____ 104
   Furnishings _____ 104
   Housekeeping _____ 106

Tourism and Travel _____ **108**
Travel _____ 108
Staying Overnight _____ 110
Places of Interest _____ 111
Location Information _____ 112
Public Transport _____ 114
   Local Public Transport _____ 114
   Railway Transportation _____ 115
   Air and Sea Transportation _____ 117
Private Transport _____ 118

Nature and the Environment _____ **120**
Animals and Plants _____ 120
Landscape _____ 121
Compass Directions _____ 123
Space _____ 123
Environment, Weather and Climate _____ 124

Communication and Media _____ **127**
Post _____ 127
Print Media and Broadcasting _____ 128
Telephone, Mobile Phones and the Internet _____ 130
Computer and Multimedia _____ 134

Industry, Technology and Research _____ **136**
Manufacturing, Trade and Services _____ 136
Money, Banking and Financial Markets _____ 137
Agriculture _____ 140
Technology, Energy und Research _____ 141
Natural Resources and Commodities _____ 143

Society and State _____ **144**
History _____ 144
Society _____ 145
Religion und Morality _____ 147
Politics _____ 148

Defence and Security _____ 150
State Institutions and Administration _____ 152
Law and Jurisprudence _____ 153

Time _____ **156**
Times of the Year _____ 156
Names of the Months _____ 156
Days of the Week _____ 157
Times of the Day _____ 157
Telling Time _____ 158
More Expressions of Time _____ 158
    Present, Past and Future _____ 158
    Duration and Frequency _____ 160
    Early and Late _____ 161
    Chronology _____ 163

Where and Whereabouts _____ **164**
Expressing Location _____ 164
Movement, Speed and Rest _____ 168
Arrival and Departure _____ 169

Colours and Shapes _____ **170**
Colours _____ 170
Shapes _____ 170

Numbers and Units of Measurement _____ **171**
Cardinal Numbers _____ 171
Ordinal Numbers _____ 173
Weights and Measurements _____ 174
Categories _____ 174
Quantities _____ 175

Categorisation — General Concepts _____ **178**
Differences and Classifications _____ 178
Cause, Effect and Manner _____ 179

Function Words _____ **180**
Interrogative Pronouns _____ 180
Prepositions _____ 181
Conjunctions _____ 182
Auxiliary and Modal Verbs _____ 183

Countries _____ **185**

Pronunciation

This section will make you familiar with the sounds of German. You'll find the pronunciation of the letters and sounds explained below, together with their „imitated" equivalents.

The German alphabet is the same as English, with the addition of the letter ß. It also uses the Umlaut on the vowels ä, ü, ö (see below for pronunciation).

Pronunciation Rules

- A lot of consonants (b, d, f, g, h, k, l, m, n, p, ph, t, x) are usually pronounced the same (or almost the same) as their English counterparts.

- But b, d, g at the end of a word are pronounced like p, t, k: gelb, Rad, Tag.

- The German r is formed in the throat and pronounced as if you were clearing your throat or gurgling.

- The letter h after a vowel is not pronounced. It just prolongs the vowel: Bahn, sehr, wohnen, Uhr.

- Double vowels, vowels + h and ie are always long: Paar, Tee, fahren, sehr, spielen.

- Vowels in front of double consonants are always short: Treppe, Tasse, Bett.

Stress

Generally, as in English, the first syllable is stressed in German, except when short prefixes are added to the beginning of the word. Then the second syllable is stressed (e.g. bewegen – to move, gesehen – seen). However, similar looking words can be stressed differently: übersetzen – translate vs. übersetzen – ferry over.

Consonants

Letter	Approximate Pronunciation		Example
b	1. at the end of a word or between a vowel and a consonant	like p in up	ab, gelb, lieb, er liebt, er gibt, gib!
	2. elsewhere	like b in bed	Bett, bis, lieben, haben, geben

c	variable, depending on the origin of the loan-word e.g.	like **c** in **cat**	Café, Computer, Coburg
		like **ts** in **hits**	Celsius, Celle
		like **ch** in **chip**	Cello, Cembalo
ch	1. after the back (darker) vowels **a, o, u**	like **ch** in Scottish **loch**, otherwise more like **h** in **huge**; is pronounced in the throat	Bach, Tochter, doch, Bucht, Geruch
	2. after the front (brighter) vowels **i, e, ä, ö, ü**	no English equivalent; an approximation to this sound may be acquired by assuming the mouth-configuration for **i** (in **hit**) and emitting a strong current of breath; pronounced on the palate	nicht, mich, dich, sich, Licht, ehrlich, echt, Bäche, Töchter, Küche
	3. sometimes, especially before **s**	like **k** in **kit**	wachsen, wechseln, sechs
d	1. at the end of a word or between a vowel and a consonant	like **t** in **eat**	Kind, Rad, Land, Feld, Geld, widmen, Mädchen
	2. elsewhere	like **d** in **do**	Kinder, Räder, Länder, Felder, danke, baden
g	1. usually	like **g** in **go**	geben, Gast, fragen, Nagel, einige, aussteigen
	2. at the end of a word	like **k** in **kit**	Tag, Weg, Zug, steig … aus
	3. in words with the ending -**ig**	like **ch** in deutsch **nicht** (see above ch no. 2)	fertig, lustig, eckig, König, einig, billig
j	usually	like **y** in **yes**	ja, Junge, Jacke
qu	usually	like **k** followed by **v** as in **vat**: like **k-v**	Qualität, Quittung
r	1. usually	no English equivalent, generally rasped at the back of the mouth	warum, warten, Rad, rot, Ernst, brav, froh
	2. sometimes at the end of a word or a prefix	unstressed like **a** in **ago**	er, wer, aber, erzählen, verkaufen

s	1. before or between vowels; voiced	like z in zoo	sie, Sonne, Rose, Hose, Häuser, dieser
	2. before p and t at the beginning of a syllable, unvoiced	like sh in shut	Sport, Spiel, spitz, Stil, Stein, bestellen
	3. elsewhere; unvoiced	like s in sit	es ist, Haus, dies, Weisheit
ß	always	like s in sit	groß, heiß, schließen, Fuß, Straße
sch	always	like sh in shut	schnell, Schiff, Mensch, britisch
v	1. usually	like f in for	vier, vielleicht, viel, Vater, Verkehr, verkaufen
	2. in most words of foreign origin	like v in voice	Vase, vegan, Velo, bravo
w	always	like v in voice	Wagen, Wort, wie, Schweiz, obwohl, ewig
z	usually	like ts in hits	zeigen, Zentrum, Zoo, Salz, Arzt, französisch

Vowels

Letter	Approximate Pronunciation		Example
a	1. short	like a in French carte	Mann, hatte, alles, Ball
	2. long	like a in father	Vater, Rad, Abend, Jahr
ä	1. short	like ai in fair	Lärm, männlich
	2. long	like ai in fair, but long	zählen, ernähren, wählen, Räder
e	1. short (unstressed)	like e in bed	jedoch, Revolution
	2. long (stressed)	same sound, but long	Weg, jemand, sehen
	3. at the end of a word	unstressed like a in ago	bitte, danke, ihre
	4. sometimes like ä	like e in let or ai in fair	Herr, fertig, Ende
	5. sometimes almost silent		gehen, sehen

i	1. short	like i in **hit**	billig, ich, immer, Ding, Linde
	2. long	like ee in **meet**	ihm, Bio, Stil, Tiger
ie	always long	like ee in **meet**	die, sie, sieht, Bier, Liebe
o	1. short	like o in **long**	voll, Ort, kommen, trotz
	2. long	same sound but long; no English equivalent	wohnen, Sohn, ohne, Ohr, rot, Boot
ö	1. short	like eu in French **neuf**	öffnen, können, Körper
	2. long	like er in **fern** or like eu in French **feu**	schön, höflich, Größe
u	1. short	like oo in **book** or foot	Nuss, Kuss, muss, und
	2. long	like oo in **boot** or ou in **you**	Uhr, Huhn, ruhig, Mut
ü/y	1. short	almost like the French u as in **sur**; round your lips	Hütte, kümmern, brüllen, Glück, System, Rhythmus
	2. long	same sound but long	führen, Tür, Gefühl, berühmt, früh, Syrien

Diphthongs

ai, ei	always	like ey in **eye**	eigen, mein, frei, Eis, leise, Arbeit, Zeit, Mai
au	always	like ou in **mouse**	Maus, Haus, laufen, Auto, Pause
äu, eu	always	like oy in **boy**	Mäuse, Häuser, heute, neu, Euro, Feuer

People

Personal Information

der **Herr**, Herren *n*
- Das ist mein Chef, **Herr** Wagner.

Mr
- This is my boss, **Mr** Wagner.

der **Mann**, Männer *n*
- Er ist ein gut aussehender **Mann**.

man
- He's a good-looking **man**.

die **Frau**, Frauen *n*
- Wohnt in diesem Haus eine **Frau** Schneider?
- Brauchen Sie Hilfe, **Frau** Fischer?
- Der Roman heißt „Eine **Frau** von dreißig Jahren".

Mrs; Ms; woman
- Is there a **Mrs** Schneider living in this house?
- Do you need any help, **Ms** Fischer?
- The novel is called "A **Woman** of Thirty".

➡ **Frau** is used both as a title and as a term for an adult female person.

der **Junge**, Jungen *n*
- In unserer Klasse sind nur drei **Jungen**.

boy
- There are only three **boys** in our class.

das **Mädchen**, Mädchen *n*
- Ein **Mädchen** hat meinen Schlüssel gefunden.

girl
- A **girl** found my key.

➡ **Mädchen** is used in German with the neuter article **das**, even though the real gender of a girl is feminine. So in German you say: Ich sehe **ein Mädchen, das** sich gerade die Haare kämmt. I can see a **girl who** is combing her hair. **Es** hat sehr schöne und lange Haare. **She** has very long and beautiful hair.

das **Kind**, Kinder *n*
- Im Juni erwarten wir unser drittes **Kind**.

child
- We're expecting our third **child** in June.

➡ **Das Kind** has a neuter gender in German, even though it may refer to either a boy or a girl.

heißen,
heißt, hieß, hat geheißen *v-irr*
- Er **heißt** Mario.

to be called

- He's called Mario.

der **Name**, Namen *n*
- Könnten Sie bitte Ihren **Namen** buchstabieren?

name
- Could you spell your **name**, please?

der **Familienname,** Familiennamen *n*
- Wie ist der **Familienname** deiner Mutter?

surname
- What's your mother's **surname**?

der **Nachname,** Nachnamen *n*
- Tragen Sie bitte hier Ihren **Nachnamen** ein.

last name
- Please enter your **last name** here.

der **Vorname,** Vornamen *n*
- Wie heißt du mit **Vornamen**?

first name
- What's your **first name** ?

ledig *adj*
- Ich bin nicht **ledig**. Mein Mann lebt in Mexiko.

single
- I'm not **single**. My husband lives in Mexico.

verheiratet *adj*
- Seit wann sind Sie **verheiratet**?

married
- Since when have you been **married**?

geschieden *adj*
- Peter und Lisa waren verheiratet. Jetzt sind sie **geschieden**.

divorced
- Peter and Lisa were married. Now they're **divorced**.

getrennt *adj*
- Ihre Eltern sind **getrennt** und leben in verschiedenen Wohnungen.

separated
- Their parents are **separated** and live in different flats.

verwitwet *adj*
- Er **ist** seit vielen Jahren **verwitwet**.

widowed
- He has been **widowed** for many years.

herkommen *v-sep-irr*
- Wo **kommen** Sie **her**?

to come from
- Where **do** you **come from**?

kommen aus *phrase*
- Sie **kommt aus** Berlin.

to be from
- She's **from** Berlin.

die **Adresse,** Adressen *n*

address

der **Wohnort,** Wohnorte *n*

(place of) residence

die **Straße,** Straßen *n*

street

die **Hausnummer,** Hausnummern *n*

house number

die **Telefonnummer,** Telefonnummern *n*

telephone number

die **Handynummer,** Handynummern *n*

mobile number

Character Traits

der **Charakter** n
- Er ist ein Mann von **Charakter**.

character
- He's a man of **character**.

die **Persönlichkeit,**
Persönlichkeiten n
- Um hier zu arbeiten, braucht man eine starke **Persönlichkeit**.

personality
- You need a strong **personality** to work here.

nett adj
- Es war sehr **nett** von dir, mir zu helfen.

kind
- It was very **kind** of you to help me.

freundlich adj
- Elisabeth begrüßte uns mit einem **freundlichen** Lächeln.

friendly
- Elisabeth greeted us with a **friendly** smile.

unfreundlich adj

unfriendly

höflich adj
- Es war nicht **höflich** von Peter, uns so lange warten zu lassen.

polite
- It wasn't **polite** of Peter to keep us waiting so long.

unhöflich adj

impolite

sympathisch adj
- Ihre Chefin scheint eine sehr **sympathische** Frau zu sein.

pleasant
- Her boss seems a very **pleasant** woman.

unsympathisch adj

unpleasant

lieb adj
- Er wird manchmal wütend, aber er ist ein **lieber** Kerl.

good
- He loses his temper sometimes but really he's a **good** guy.

brav adj
- Sei ein **braver** Junge und spiele draußen im Garten.

good
- Be a **good** boy and play outside in the garden.

faul adj
- Du würdest nicht glauben, wie **faul** ich sein kann.

lazy
- You wouldn't believe how **lazy** I can be.

lustig adj
- Mein neuer Freund ist so **lustig**. Er kennt Hunderte von Witzen.

funny
- My new boyfriend is so **funny**. He knows hundreds of jokes.

ruhig *adj*
- Obwohl er den Test nicht bestanden hat, blieb sein Vater **ruhig**.

calm
- Even though he hadn't passed the test, his father stayed **calm**.

mutig *adj*
- Es war **mutig** von Paul, ins Wasser zu springen, um sie zu retten.

brave
- It was **brave** of Paul to jump into the water to save her.

feige *adj*
- Das war eine **feige** Lüge.

cowardly
- That was a **cowardly** lie.

ehrlich *adj*
- Ich bin froh, dass sie **ehrlich** zu mir war.

honest
- I'm glad she was **honest** with me.

die **Geduld** *n*
- Und dann hat er die **Geduld** verloren und wurde böse.

patience
- And then he lost his **patience** and became angry.

nervös *adj*
- Geh weg! Du machst mich **nervös**.

nervous
- Go away! You're making me **nervous**.

vorsichtig *adj*
- Sei **vorsichtig**, wenn du die Straße überquerst!

careful
- Be **careful** crossing the street.

unvorsichtig *adj*

careless

schlau *adj*
- Was für ein **schlaues** Mädchen du doch bist.

clever
- What a **clever** girl you are.

die **Dummheit**, Dummheiten *n*
- Seine **Dummheit** ist unglaublich.

stupidity
- His **stupidity** is incredible.

dumm *adj*
- Es gibt keine **dummen** Fragen, sondern nur **dumme** Antworten.

stupid
- There are no **stupid** questions, only **stupid** answers.

gewöhnt sein an *phrase*
- Ich **bin daran gewöhnt**, früh aufzustehen.

to be used to
- I'm **used to** getting up early.

Looks

Appearance

das **Aussehen** n	look
▪ Wir wollen dem Zimmer ein neues **Aussehen** verleihen.	▪ We want to give the room a new **look**.
aussehen v-sep-irr	to look
▪ Mein Nachbar ist über 50, **sieht** aber zehn Jahre jünger **aus**.	▪ My neighbour is over 50, but he **looks** ten years younger.
hübsch adj	pretty
▪ Denkst du wirklich, sie ist **hübsch**?	▪ Do you really think she's **pretty**?
attraktiv adj	attractive
▪ Emma ist das **attraktivste** Mädchen in unserer Klasse.	▪ Emma is the most **attractive** girl in our class.
die **Schönheit** n	beauty
▪ Jeder bewundert ihre **Schönheit**.	▪ Everybody admires her **beauty**.
schön adj	beautiful
▪ Frau Becker hat zwei **schöne** Kinder.	▪ Mrs Becker has got two **beautiful** children.
hässlich adj	ugly
▪ Tim ist **hässlich**, aber er hat eine wundervolle Persönlichkeit.	▪ Tim is **ugly**, but he's got a wonderful personality.
das **Gesicht**, Gesichter n	face
▪ Albert lachte übers ganze **Gesicht**, als er mich sah.	▪ Albert had a big smile on his **face** when he saw me.
das **Haar**, Haare n	hair
▪ Susanna hat lange, schwarze **Haare**.	▪ Susanna's got long black **hair**.

➡ **Haare** is used mostly in the plural in German. **Das Haar** (singular) usually refers to one single hair.

die **Figur** n	figure
▪ Kein Zucker für mich, ich muss auf meine **Figur** achten.	▪ No sugar for me, I have to watch my **figure**.
groß adj	tall
▪ Monika ist ziemlich **groß** für ihr Alter.	▪ Monika is quite **tall** for her age.

klein *adj*
- Der **kleine**, dicke Mann sah nicht sehr freundlich aus.
- Als Teenager war ich eher **klein** für mein Alter.

short; small
- The **short,** fat man didn't look very friendly.
- When I was a teenager I was rather **small** for my age.

schlank *adj*
- Benjamin isst nicht viel, weil er **schlank** bleiben möchte.

slim
- Benjamin doesn't eat much because he wants to stay **slim**.

dünn *adj*
- Der Arzt sagte mir, ich bin zu **dünn** und sollte etwas zunehmen.

thin
- The doctor told me I was too **thin** and should put on some weight.

dick *adj*
- Ich sollte mich gesünder ernähren, weil ich langsam **dick** werde.

fat
- I should eat more healthily because I'm slowly getting **fat**.

so wie *prep*
- Hannah ist etwas größer, sieht aber genau **so** aus **wie** ihre Mutter.

like
- Hannah is a bit taller but she looks exactly **like** her mother.

die **Frisur,** Frisuren *n*
- Du brauchst eine neue **Frisur**.

haircut
- You need a new **haircut**.

blond *adj*
- Obwohl Carlos aus Spanien stammt, hat er **blondes** Haar.

fair
- Although Carlos is from Spain he's got **fair** hair.

hell *adj*
- Nordeuropäer haben normalerweise **helle** Haut.

fair
- People from northern Europe usually have **fair** skin.

dunkel *adj*
- Der Manager trug einen **dunklen** Anzug und eine gelbe Krawatte.

dark
- The manager was wearing a **dark** suit and yellow tie.

➡ A colour can be described more precisely by adding the prefixes **hell** or **dunkel** to it: **Das Auto ist hellblau. The car is light blue. Das Heft ist dunkelgelb. The book is dark yellow.**

Clothes and Shoes

die **Kleidung,** Kleidungen *n*
- Sie verkaufen Jeans, Pullover, Jacken und andere **Kleidung**.

clothes
- They sell jeans, sweaters, jackets and other **clothes**.

➡ **Kleidung** is only used very rarely in the plural.

die **Mode,** Moden *n*
- Interessieren Sie sich für italienische **Mode**?

fashion
- Are you interested in Italian **fashion**?

anziehen *v-sep-irr*
- **Zieh** deinen Mantel **an**! Es wird kalt.
- Obwohl er fünf ist, muss seine Mutter ihn immer noch **anziehen**.

to put on; to dress
- **Put** your coat **on**. It's getting cold.
- Although he's five, his mother still has to **dress** him.

ausziehen *v-sep-irr*
- Haben Sie etwas dagegen, wenn ich meine Jacke **ausziehe**?

to take off
- Do you mind if I **take off** my jacket?

tragen,
trägt, trug, hat getragen *v-irr*
- Du solltest am Strand Hut und Sonnenbrille **tragen**.

to wear

- You should **wear** a hat and sunglasses on the beach.

anhaben *v-sep-irr*
- Heute **hat** sie ein grünes T-Shirt **an**.

to wear
- Today she **is wearing** a green T-shirt.

anprobieren *v-sep*
- Darf ich diese Hose **anprobieren**?

to try on
- Can I **try** these trousers **on**?

sich umziehen *v-sep-irr*
- Wo kann ich **mich umziehen**?

to change
- Where can I **change**?

j-m stehen *phrase*
- Dunkle Farben **stehen** dir am besten.

to suit sb.
- Dark colours **suit** you best.

passen *v*
- Dieses Kleid **passt** überhaupt nicht.

to fit
- This dress doesn't **fit** at all.

gut zu etw. passen *phrase*
- Diese Krawatte **passt** wirklich **gut zu** Ihrem Hemd.

to go well
- This tie **goes** really **well** with your shirt.

eng *adj*
- Dieser Rock ist zu **eng**.

tight
- This skirt is too **tight**.

weit *adj*
- Diese Jacke ist mir zu **weit**.
- Ich liebe es, **weite** Hemden und Hosen zu tragen.

wide; loose
- This jacket is too **wide** for me.
- I love wearing **loose** shirts and trousers.

kurz *adj*
- Karen würde nie einen **kurzen** Rock tragen.

short
- Karen would never wear a **short** skirt.

lang *adj*
- Sophie ging in einem **langen** roten Kleid aus.

long
- Sophie went out in a **long** red dress.

die **Kleidergröße,** Kleidergrößen *n*
- Welche **Kleidergröße** tragen Sie?

size
- What **size** do you take?

der **Mantel,** Mäntel *n*	coat
die **Jacke,** Jacken *n*	jacket
die **Hose,** Hosen *n*	(pair of) trousers
die **Jeans,** Jeans *n f pl*	(pair of) jeans
das **T-Shirt,** T-Shirts *n*	T-shirt
der **Pullover,** Pullover *n*	pullover; sweater; jumper
das **Kleid,** Kleider *n*	dress
der **Rock,** Röcke *n*	skirt
die **Bluse,** Blusen *n*	blouse
das **Hemd,** Hemden *n*	shirt
der **Anzug,** Anzüge *n*	suit
die **Socke,** Socken *n*	sock
der **Schuh,** Schuhe *n*	shoe
der **Schlafanzug,** Schlafanzüge *n*	(pair of) pyjamas
das **Nachthemd,** Nachthemden *n*	nightdress
der **Slip,** Slips *n*	(pair of) briefs
die **Unterhose,** Unterhosen *n*	(pair of) briefs
der **Badeanzug,** Badeanzüge *n*	swimsuit
der **Bikini,** Bikinis *n*	bikini
die **Badehose,** Badehosen *n*	swimming trunks

Accessories

das **Portemonnaie,** Portemonnaies n	purse

➡ Other common words for **purse** include **der Geldbeutel, die Geldbörse** and **die Brieftasche**.

die **Handtasche,** Handtaschen n	purse
die **Tasche,** Taschen n	bag

➡ In the supermarket you can often get a **Tüte** made out of plastic or paper to put your shopping in. If youre using a cloth bag, you can also call it a **Beutel**.

der **Hut,** Hüte n	hat
die **Mütze,** Mützen n	cap
der **Handschuh,** Handschuhe n	glove
der **Regenschirm,** Regenschirme n	umbrella
der **Ring,** Ringe n	ring
die **Armbanduhr,** Armbanduhren n	(wrist)watch
die **Brille,** Brillen n	glasses
die **Sonnenbrille,** Sonnenbrillen n	sunglasses
der **Ohrring,** Ohrringe n	earring
die **Halskette,** Halsketten n	necklace
das **Armband,** Armbänder n	bracelet

Social Relationships

Family

die **Familie**, Familien *n*	family
die **Eltern** *n m-f pl*	parents
die **Mutter**, Mütter *n*	mother
der **Vater**, Väter *n*	father

➡ In everyday language, Germans call their mothers **Mama** or **Mutti** and their fathers **Papa** or **Vati**.

der **Sohn**, Söhne *n*	son
die **Tochter**, Töchter *n*	daughter
der **Bruder**, Brüder *n*	brother
die **Schwester**, Schwestern *n*	sister
der **Onkel**, Onkel *n*	uncle
die **Tante**, Tanten *n*	aunt
der **Cousin**, Cousins *n*	cousin
die **Cousine**, Cousinen *n*	cousin
die **Großeltern** *n m-f pl*	grandparents
die **Großmutter**, Großmütter *n*	grandmother
der **Großvater**, Großväter *n*	grandfather

➡ In everyday language, Germans call their grandfathers **Opa** and their grandmothers **Oma**.

die **Geschwister** *n m-f pl*	**brothers and sisters; siblings**
der **Nachwuchs** *n*	offspring

➡ The term **Nachwuchs** can be used both for people and animals.

zusammenleben *v-sep*	to live together
▪ Sie **leben** alle **zusammen** unter einem Dach.	▪ They all **live together** under one roof.
sich kümmern um *phrase*	to care about
▪ Niemand **kümmert sich um** den alten Mann nebenan.	▪ Nobody **cares about** the old man next door.

Partnership and Marriage

die **Liebe** n
- Glaubst du an die wahre **Liebe**?

love
- Do you believe in true **love**?

lieben v
- Ich **liebe** sie, seit ich sie kennengelernt habe.

to love
- I've **loved** her from the moment I met her.

sich verlieben v
- Ich habe **mich** noch nie in einen meiner Lehrer **verliebt**.

to fall in love
- I've never **fallen in love** with one of my teachers.

verliebt sein phrase
- Thomas und Christina **sind** hoffnungslos **verliebt**.

to be in love
- Thomas and Christina **are** hopelessly **in love**.

der **Hass** n
- Ich kann ihren **Hass** auf Männer nicht verstehen.

hatred
- I don't understand her **hatred** of men.

hassen v
- Ich **hasse** es, wenn er mit seiner Sekretärin ausgeht.

to hate
- I **hate** it when he's going out with his secretary.

der **Kuss**, **Küsse** n
- Anna gab den Kindern einen **Kuss** und schloss die Tür.

kiss
- Anna gave the children a **kiss** and closed the door.

küssen v
- Ich **habe** sie nur einmal auf die Wange **geküsst**.

to kiss
- I **kissed** her only once on the cheek.

die **Umarmung**, **Umarmungen** n
- Eine **Umarmung** ist eine herzliche Begrüßung.

hug
- A **hug** is an affectionate greeting.

sich umarmen v
- Und dann **umarmten** und küssten wir **uns**.

to hug
- And then we **hugged** and kissed.

die **Hochzeit**, **Hochzeiten** n
- Nicole wird zur **Hochzeit** ein weißes Kleid tragen.

wedding
- Nicole's going to wear a white dress for her **wedding**.

heiraten v
- Meine Eltern **heirateten** vor 30 Jahren in London.

to get married
- My parents **got married** in London 30 years ago.

die **Ehe,** Ehen *n*
- Es ist Jennifers zweite **Ehe.**

marriage
- It's Jennifer's second **marriage.**

der **Ehemann,** Ehemänner *n*
- Tim ist ein treuer **Ehemann.**

husband
- Tim is a faithful **husband.**

die **Ehefrau,** Ehefrauen *n*
- Tom ist Lehrer und seine **Ehefrau** ist Architektin.

wife
- Tom is a teacher, and his **wife** is an architect.

die **Verlobung,** Verlobungen *n*
- Maria hat ihre **Verlobung** gelöst.

engagement
- Maria has broken off her **engagement.**

verlobt sein *phrase*
- Schau, mein neuer Ring! Frank und ich **sind** jetzt **verlobt.**

to be engaged
- Look, my new ring! Frank and I **are engaged** now.

das **Paar,** Paare *n*
- Nebenan ist ein **Paar** eingezogen.

couple
- A **couple** moved in next door.

treu *adj*
- Seine Freundin arbeitet meist im Ausland, doch er bleibt ihr **treu.**

faithful
- His girlfriend works abroad at lot, but he stays **faithful.**

untreu *adj*

unfaithful

die **Trennung,** Trennungen *n*
- Nach der **Trennung** begann sich Lena besser zu fühlen.

separation
- After the **separation** Lena began to feel better.

sich trennen *v*
- Sie **haben sich getrennt** und lassen sich scheiden.

to separate
- They **have separated** and are getting divorced.

Friendship and Other Social Contacts

der **Freund,** die **Freundin,**
Freunde *n*
- Zunächst mochten wir uns nicht, aber jetzt ist Tim mein **Freund.**

friend
- At first we didn't like each other, but now Tim is my **friend.**

➡ The words **Freund** and **Freundin** are also used to translate **boyfriend** and **girlfriend** respectively.

die **Freundschaft,** Freundschaften *n*
- Es gibt keine wahre **Freundschaft** ohne Vertrauen.

friendship
- There is no real **friendship** without trust.

befreundet sein mit j-m *phrase*
- Ich will nur mit ihr **befreundet sein.**

to be friends with
- I only want **to be friends with** her.

persönlich *adj*
- Vaters Unfall war eine **persönliche** Tragödie für unsere Familie.

personal
- Father's accident was a **personal** tragedy for our family.

die **Person,** Personen *n*
- Jane ist eine sehr nette **Person.**

person
- Jane is a very nice **person.**

die **Leute** *n m-f pl*
- Manche **Leute** wissen einfach nicht, wie man sich benimmt.

people
- Some **people** just don't know how to behave.

gemeinsam *adv*
- Habt ihr irgendetwas **gemeinsam?**

in common
- Do you have anything **in common?**

der **Nachbar,** die **Nachbarin,**
Nachbarn *n*
- Ich hatte noch nie Ärger mit meinem **Nachbarn.**

neighbour

- I've never had any trouble with my **neighbour.**

der **Typ,** Typen *n*
- Simon sieht wie ein netter **Typ** aus.

guy
- Simon looks like a nice **guy.**

das **Treffen,** Treffen *n*
- Robert hat nächste Woche ein **Treffen** mit seinen Kunden.

meeting
- Robert has a **meeting** with his clients next week.

treffen,
trifft, traf, hat getroffen *v-irr*
- Ich **habe** einen alten Freund **getroffen.**

to meet

- I **met** an old friend.

der **Gast,** Gäste *n*
- Wir benutzen es als Schlafzimmer, wenn wir **Gäste** haben.

guest
- We use it as a bedroom when we have **guests**.

besuchen *v*
- Wir **besuchen** sie jeden zweiten Tag im Krankenhaus.

to visit
- We **visit** her in hospital every other day.

einladen *v-sep-irr*
- Sie **haben** alle ihre Freunde zur Verlobungsfeier **eingeladen**.

to invite
- They **invited** all their friends to the engagement party.

der **Kontakt,** Kontakte *n*
- Wir waren gute Freunde, aber wir haben den **Kontakt** verloren.

contact
- We were good friends, but we've lost **contact**.

(sich) kennenlernen *v-sep*
- Auf Partys kann man viele interessante Leute **kennenlernen**.

to meet
- You can **meet** a lot of interesting people at parties.

Life Cycle

der **Mensch,** Menschen *n*
- Alle **Menschen** sind gleich erschaffen.
- Der moderne **Mensch** stammt aus Ostafrika.

man; human
- All **men** are created equal.
- Modern **humans** originate in East Africa.

menschlich *adj*
- Das Unglück wurde durch **menschliches** Versagen verursacht.

human
- The disaster was caused by **human** error.

das **Leben,** Leben *n*
- Gibt es **Leben** auf dem Mars?

life
- Is there **life** on Mars?

leben *v*
- Charlotte **lebt** schon seit 15 Jahren in England.

to live
- Charlotte **has been living** in England for 15 years.

die **Geburt,** Geburten *n*
- Wir feierten alle die **Geburt** ihres dritten Kindes.

birth
- We all celebrated the **birth** of her third child.

geboren werden *phrase*
- Laura **wurde** 1877 **geboren** und starb 67 Jahre später.

to be born
- Laura **was born** in 1877 and died 67 years later.

das **Baby,** Babys *n*
- Peter ist sieben Jahre alt, Anne ist noch ein **Baby.**

baby
- Peter is seven years old, Anne is still a **baby.**

jung *adj*
- Er ist unser neuer Lehrer? Er sieht zu **jung** aus.

young
- He's our new teacher? He looks too **young.**

die **Jugend** *n*
- Martin verbrachte seine Kindheit und **Jugend** in Indien.

youth
- Martin spent his childhood and **youth** in India.

jugendlich *adj*
- **Jugendliche** Straftäter bereiten der Polizei Schwierigkeiten.

juvenile
- **Juvenile** offenders cause trouble for the police.

der **Erwachsene,** die **Erwachsene,** Erwachsenen *n m-f*
- Alle Kinder müssen von einem **Erwachsenen** begleitet werden.

adult

- All children must be accompanied by an **adult.**

erwachsen *adj*
- Johanna hat eine **erwachsene** Schwester.

grown-up
- Johanna has a **grown-up** sister.

wachsen, wächst, wuchs, ist gewachsen *v-irr*
- Ich **bin** inzwischen zweieinhalb Zentimeter **gewachsen.**

to grow

- I've **grown** an inch since then.

das **Alter,** Alter *n*
- Er verhält sich nicht seinem **Alter** entsprechend.

age
- He doesn't behave his **age.**

alt *adj*
- Im Park sah ich viele **alte** Menschen, die mit Kindern spielten.

old
- I saw a lot of **old** people playing with children in the park.

... Jahre alt sein *phrase*
- Helen **war** erst zwölf **Jahre alt,** als sie nach Deutschland zog.

to be ... years old
- Helen **was** only twelve **years old** when she moved to Germany.

der **Tod,** Tode *n*
- Ich habe keine Angst vor dem **Tod.**

death
- I'm not scared of **death.**

tot *adj*
- Ich glaube, diese Pflanze ist **tot**. Hast du sie jemals gegossen?

dead
- I think this plant is **dead**. Did you ever water it?

sterben,
stirbt, starb, ist gestorben *v-irr*
- Er **starb** mit 42 Jahren an einem Herzinfarkt.

to die
- He **died** of a heart attack at the age of 42.

die **Trauer** *n*
- Patrick war über ein Jahr lang in tiefer **Trauer**.

mourning
- Patrick was in deep **mourning** for over a year.

betroffen *adj*
- Simon war ziemlich **betroffen**, als er von ihrem Tod erfuhr.

taken aback
- Simon was pretty **taken aback** when he heard the news of her death.

das **Grab,** Gräber *n*
- Am Ende der Beerdigung wurde der Sarg ins **Grab** gelassen.

grave
- At the end of the funeral the coffin was lowered into the **grave**.

die **Beerdigung,** Beerdigungen *n*
- Viele von Bens Freunden waren auf der **Beerdigung**.

funeral
- Many of Ben's friends were at the **funeral**.

beerdigen *v*
- Ihr Mann **wurde** in seiner Heimatstadt **beerdigt**.

to bury
- Her husband **was buried** in his home town.

der **Witwer,** Witwer *n*
- Peters Frau starb jung. Er ist fast sein Leben lang **Witwer**.

widower
- Peter's wife died young. He's been a **widower** most of his life.

die **Witwe,** Witwen *n*
- Nach dem Tod ihres Gatten gründete sie ein Forum für **Witwen**.

widow
- After her husband's death she founded a forum for **widows**.

Perceptions, Communication and Activities

Thinking and Feeling

Thoughts

der **Gedanke,** Gedanken *n*
- Das wollte ich gerade sagen. Kannst du **Gedanken** lesen?

thought
- That's what I wanted to say. Can you read my **thoughts**?

denken,
denkt, dachte, hat gedacht *v-irr*
- Woran **denkst** du, wenn du eine rote Rose siehst?

to think
- What **do you think** of when you see a red rose?

nachdenken *v-sep-irr*
- Worüber **denkst** du **nach**?

to think
- What **are** you **thinking** about?

sich fragen *v*
- Ich **frage mich,** was sie als Nächstes tun werden.

to wonder
- I **wonder** what they'll do next.

die **Erinnerung,** Erinnerungen *n*
- Simon hat schöne **Erinnerungen** an seine Kindheit.

memory
- Simon has pleasant **memories** of his childhood.

(sich) erinnern *v*
- Ich kann **mich** nicht an ihren Namen **erinnern.**

to remember
- I can't **remember** her name.

vergessen, vergisst, vergaß,
hat vergessen *v-irr*
- Lisa ist böse, weil ihr Mann ihren Hochzeitstag **vergessen hat.**

to forget
- Lisa is angry because her husband **forgot** their wedding anniversary.

die **Hoffnung,** Hoffnungen *n*
- Gibt es irgendeine **Hoffnung,** dass der Hund wieder gesund wird?

hope
- Is there any **hope** that the dog will recover?

hoffen *v*
- Ich **hoffe,** dass Benjamin zur Party kommen kann.

to hope
- I **hope** Benjamin can come to the party.

scheinen, scheint, schien,
hat geschienen *v-irr*
- Sophie ist nicht so ruhig, wie sie **scheint**.

to seem
- Sophie is not as calm as she **seems**.

wahrscheinlich *adj, adv*
- Es ist sehr **wahrscheinlich**, dass sie das Spiel gewinnen.
- Ich bin nicht sicher, aber **wahrscheinlich** fahren wir am Freitag.

likely; probably
- It's very **likely** that they'll win the game.
- I'm not sure, but we'll **probably** leave on Friday.

möglich *adj*
- Weitere Regenschauer sind **möglich**, aber nicht wahrscheinlich.

possible
- Further showers are **possible** but unlikely.

unmöglich *adj*
- Es ist **unmöglich**, schneller als Lichtgeschwindigkeit zu fliegen.

impossible
- It's **impossible** to fly faster than the speed of light.

vielleicht *adv*
- Hast du **vielleicht** mein grünes T-Shirt gesehen?
- **Vielleicht** wird uns Kathrin helfen. Fragen wir sie doch!
- **Vielleicht** hat Carolin einen Tag freigenommen.

by any chance; maybe; perhaps
- Have you seen my green T-shirt **by any chance**?
- **Maybe** Kathrin will help us. Let's ask her.
- **Perhaps** Carolin has taken a day off.

der **Eindruck,** Eindrücke *n*
- Mein erster **Eindruck** von New York war fantastisch.

impression
- My first **impression** of New York was fantastic.

bemerken *v*
- David **bemerkte** nicht, dass sie ihn anlächelte.

to notice
- David didn't **notice** that she smiled at him.

erwarten *v*
- Unsere Besucher kamen viel früher an, als wir **erwartet hatten**.

to expect
- Our visitors arrived much earlier than we **had expected**.

Feelings

das **Gefühl,** Gefühle *n*
- Ich habe das **Gefühl**, wir werden beobachtet.

feeling
- I have the **feeling** we are being watched.

sich **fühlen** *v*
- Wie **fühlst** du **dich**?

to feel
- How are you **feeling**?

die **Freude,** Freuden *n*
- Es macht mir sehr viel **Freude**, mit Kindern zu spielen.

pleasure
- I get a lot of **pleasure** out of playing with children.

erfreut *adj*
- **Erfreut**, Sie kennenzulernen!

pleased
- **Pleased** to meet you!

sich **freuen** *v*
- Amanda **hat sich** sehr über ihre Geschenke **gefreut**.

to be pleased
- Amanda **was** very **pleased** with her presents.

angenehm *adj*
- Diese Rosen haben einen sehr **angenehmen** Duft.

pleasant
- These roses have a very **pleasant** smell.

unangenehm *adj*

unpleasant

das **Glück** *n*
- Mit ein bisschen **Glück** wirst du den Test bestehen.

luck
- With a little bit of **luck** you'll pass the test.

glücklich *adj*
- Wir wünschen dir ein langes und **glückliches** Leben.

happy
- We wish you a long and **happy** life.

unglücklich *adj*

unhappy

froh *adj*
- Ich bin **froh** zu hören, dass du eine neue Arbeit gefunden hast.

glad
- I'm **glad** to hear that you've found a new job.

das **Lächeln** *n*
- Die Wirtin begrüßte uns mit einem freundlichen **Lächeln**.

smile
- The landlady welcomed us with a friendly **smile**.

lächeln *v*
- Gloria **lächelte** das Baby an und es **lächelte** zurück.

to smile
- Gloria **smiled** at the baby and it **smiled** back.

das **Lachen** n
- Die Clowns waren irrsinnig komisch. Wir brüllten vor **Lachen**.

laughter
- The clowns were hilarious. We roared with **laughter**.

lachen v
- Es war so komisch, dass wir **lachen** mussten.

to laugh
- It was so funny that we had to **laugh**.

mögen,
mag, mochte, hat gemocht v-irr
- **Magst** du Kartoffelbrei?

to like

- Do you **like** mashed potato?

etw. gern tun phrase
- Robert **fährt gern** bei lauter Musik mit seinem Auto **herum**.

to like doing sth.
- Robert **likes driving around** in his car listening to loud music.

Lieblings- n
- Was ist deine **Lieblings**popgruppe?

favourite
- What's your **favourite** pop group?

nicht leiden können phrase
- Ich **kann** es **nicht leiden**, wenn Menschen arrogant sind.

can't stand
- I **can't stand** it when people are arrogant.

die **Überraschung,**
Überraschungen n
- Zu meiner **Überraschung** hatte mein Freund eine Party organisiert.

surprise

- To my **surprise** my boyfriend had organized a party.

langweilig adj
- In dieser Stadt ist nicht viel los, es ist so **langweilig**.

boring
- Nothing much happens in this town, it's so **boring**.

die **Angst, Ängste** n
- Amy hat **Angst** vor Insekten aller Art.

fear
- Amy has a **fear** of insects of all kinds.

sich fürchten v
- Es gibt keinen Grund, **sich** vor Spinnen zu **fürchten**.

to be afraid
- There's no need to **be afraid** of spiders.

sich Sorgen machen phrase
- **Mach dir keine Sorgen!** Alles wird gut.

to worry
- **Don't worry!** Everything will be all right.

weinen v
- Lydia **weinte**, als ihr Lieblingsschauspieler starb.

to cry
- Lydia **cried** when her favourite film star died.

traurig *adj*
- Als wir „Titanic" sahen, wurden wir alle ein wenig **traurig**.

sad
- Watching "Titanic" made us all a bit **sad**.

allein *adj*
- Plötzlich war Sarah ganz **allein** in diesem riesigen Schloss.

alone
- Suddenly Sarah was all **alone** in that huge castle.

Sensory Impressions

sehen, sieht, sah, hat gesehen *v-irr*
- Es war so dunkel, dass wir nichts **sehen** konnten.

to see
- It was so dark that we couldn't **see** anything.

nachsehen *v-sep-irr*
- Habe ich den Herd ausgeschaltet? Könntest du **nachsehen**?

to go and check
- Did I turn off the cooker? Could you **go and check**?

schauen *v*
- Wir wollten nichts kaufen. Wir **schauten** nur.

to look
- We didn't want to buy anything. We **were** just **looking**.

anschauen *v-sep*
- Wir gingen zum Zeitungskiosk, um uns die Zeitschriften **anzuschauen**.

to look at
- We went to the newsstand to **look at** the magazines.

der **Blick,** Blicke *n*
- Sie warf mir einen wütenden **Blick** zu, als ich Stefan küsste.

look
- She gave me an angry **look** when I kissed Stefan.

hören *v*
- Es war so laut, dass Michael nichts **hören** konnte.

to hear
- There was so much noise that Michael couldn't **hear** anything.

das **Geräusch,** Geräusche *n*
- Kevin hörte ein **Geräusch** im Zimmer, sah aber nichts.

sound
- Kevin heard a **sound** in the room but he didn't see anything.

der **Lärm** *n*
- Ich kann nicht schlafen bei all dem **Lärm**.

noise
- I can't sleep with all that **noise**.

berühren *v*
- Bitte **berühren** Sie nichts, bevor die Polizei kommt.

to touch
- Do not **touch** anything before the police arrive.

der **Geruch,** Gerüche *n*
- Ich mag den **Geruch** von Hyazinthen nicht.

smell
- I don't like the **smell** of hyacinths.

riechen,
riecht, roch, hat gerochen *v-irr*
- Wenn Fisch schlecht **riecht**, dann ist er nicht mehr frisch.

to smell

- When fish **smells** bad, it's no longer fresh.

duften *v*
- Diese Rosen **duften** sehr angenehm.

to be fragrant
- These roses **are** very **fragrant**.

stinken, stinkt, stank,
hat gestunken *v-irr*
- Nach der Party **stank** die ganze Wohnung nach Zigaretten.

to stink

- After the party the whole flat **stank** of cigarettes.

Speaking Situations

Conversations

das **Gespräch,** Gespräche *n*
- Die Tagung sollte Zeit für private **Gespräche** einräumen.

conversation
- The conference should allow time for private **conversations**.

sprechen, spricht, sprach,
hat gesprochen *v-irr*
- Ich möchte bitte mit dem Manager **sprechen**.
- Wir müssen über dieses Problem **sprechen**.

to speak; to talk

- I'd like to **speak** to the manager, please.
- We need to **talk** about this problem.

sagen *v*
- **Hat** er das wirklich **gesagt**?
- Ich kann dir nicht **sagen**, wie froh ich bin, dich zu sehen.

to say; to tell
- **Did** he really **say** that?
- I can't **tell** you how glad I am to see you.

die **Rede,** Reden *n*
- Gestern Abend hielt der neue Präsident eine eindrucksvolle **Rede**.

speech
- The new president gave an impressive **speech** last night.

reden v
- Leonard **redet** immer davon, mir das Geld zurückzuzahlen.

to talk
- Leonard**'s** always **talking** about paying me the money back.

die **Erklärung,** Erklärungen n
- Die Polizei hat keine **Erklärung** für seine Motive.

explanation
- The police have no **explanation** for his motives.

erklären v
- Kannst du mir **erklären,** was dieses Wort bedeutet?

to explain
- Can you **explain** to me what this word means?

erzählen v
- Nicole **erzählt** ihren Kindern eine Geschichte.

to tell
- Nicole is **telling** her children a story.

rufen, ruft, rief, hat gerufen v-irr
- Martin **rief** ihren Namen, aber sie hörte ihn nicht.

to call
- Martin **called** her name but she didn't hear him.

das **Schweigen** n
- Ich traute mich nicht, das **Schweigen** zu brechen.

silence
- I didn't dare break the **silence**.

schweigen, schweigt, schwieg, hat geschwiegen v-irr
- Sie haben das Recht zu **schweigen**.

to remain silent
- You have the right **to remain silent**.

still adj
- Seid **still**! Ich versuche mich zu konzentrieren.

quiet
- Be **quiet**! I'm trying to concentrate.

Questions, Requests and Answers

die **Frage,** Fragen *n* ■ Ich habe ihn gefragt, aber er hat meine **Frage** nicht beantwortet.	question ■ I asked him but he didn't answer my **question**.
fragen *v* ■ Michael **fragte** mich, ob ich einen Spaziergang machen wolle.	to ask ■ Michael **asked** me if I wanted to go for a walk.
bitten, bittet, bat, hat gebeten *v-irr* ■ Mein Bruder **bat** mich, seine CDs zurückzugeben.	to ask ■ My brother **asked** me to return his CDs.
die **Antwort,** Antworten *n* ■ Wenn Sie mich fragen, ist die **Antwort** Ja. ■ Jan hatte vom Schulleiter persönlich eine **Antwort** erhalten.	answer; reply ■ If you're asking me, the **answer** is yes. ■ Jan got a **reply** from the head teacher himself.
antworten *v* ■ Der Polizist hat zweimal gefragt, aber er **hat** nicht **geantwortet**. ■ Er hat eine E-Mail geschickt und sie **haben** sofort **geantwortet**.	to answer; to reply ■ The policeman asked twice, but he didn't **answer**. ■ He sent an e-mail, and they **replied** immediately.
beantworten *v* ■ **Haben** Sie alle Fragen auf dem Formular **beantwortet**?	to answer ■ Did you **answer** all the questions on the form?
ja *adv* ■ Sind Sie Australier? – **Ja**.	yes ■ Are you Australian? – **Yes**, I am.
doch *adv* ■ Sie ist nicht 80 Jahre alt. – Oh **doch**, sie ist 80.	yes ■ She's not 80 years old. – Oh **yes**, she is 80.

➡ The word **doch** is used in German when answering a negative question with **yes**.

nein *adv* ■ Wohnen Sie hier? – **Nein**.	no ■ Do you live here? – **No**, I don't.
nicht *adv* ■ Du bist **nicht** alt genug, um ein Auto zu fahren.	not ■ You are **not** old enough to drive a car.

bitte *interj*
- Könntest du mir **bitte** die Butter herüberreichen?

please
- Could you pass me the butter, **please**?

Wie bitte? *interj*

Pardon?; Sorry?

Würden Sie bitte ...? *phrase*

Would you ..., please?

Würdest du bitte ...? *phrase*

Would you ..., please?

danken *v*
- Richard **dankte** ihnen für ihre Gastfreundschaft.

to thank
- Richard **thanked** them for their hospitality.

sich bedanken *v*
- Ich möchte **mich** bei dir **bedanken** für alles, was du getan hast.

to say thank you
- I would like to **say thank you** for everything you've done.

Danke (schön)! *interj*

Thank you!

Vielen (herzlichen) Dank! *interj*

Thank you (very much)!

Keine Ursache! *interj*

You're welcome!

➡ Other ways of saying **You're welcome** in German are **Bitte!**, **Bitte schön!** und **Gern geschehen!**

Entschuldigung. *interj*

Excuse me.

Entschuldigung! *interj*

Sorry!

wollen, will, wollte, hat gewollt *v-irr*
- Tim **wollte** gehen, aber sie baten ihn zu bleiben.
- Tut mir leid, ich **wollte** dir nicht wehtun.

to want; to mean
- Tim **wanted** to leave but they asked him to stay.
- Sorry, I didn't **mean** to hurt you.

der **Wunsch,** Wünsche *n*
- Sie hat nur einen **Wunsch:** ein erfülltes Leben zu leben.

wish
- She's only got one **wish:** to live a fulfilled life.

wünschen *v*
- Ich **wünsche** dir frohe Weihnachten!

to wish
- I **wish** you a merry Christmas!

versprechen *v-irr*
- Ihre Eltern **haben** ihr ein Auto **versprochen,** wenn sie besteht.

to promise
- Her parents have **promised** her a car if she passes.

Orders and Prohibitions

der **Befehl,** Befehle *n*
- Robert ist daran gewöhnt, **Befehle** zu empfangen.

order
- Robert is used to receiving **orders**.

befehlen, befiehlt, befahl, hat befohlen *v-irr*
- Der Feldwebel **befahl** seinen Männern, disziplinierter zu sein.

to order
- The sergeant **ordered** his men to be more disciplined.

die **Erlaubnis,** Erlaubnisse *n*
- Wir brauchen eine **Erlaubnis**, um in den Park zu fahren.

permit
- We need a **permit** to enter the park.

erlauben *v*
- Der Vermieter **erlaubt** keine Haustiere in der Wohnung.

to allow
- The landlord doesn't **allow** pets in the flat.

die **Genehmigung,** Genehmigungen *n*
- Vor der Landung muss der Pilot die **Genehmigung** einholen.

permission
- Before landing the pilot has to ask for **permission**.

dürfen, darf, durfte, hat gedurft *v-irr*
- Sie **dürfen** hier drinnen nicht rauchen.

to be allowed to
- You're not **allowed** to smoke in here.

in Ordnung *phrase*
- Alles ist **in Ordnung**. Wir können jetzt nach Hause gehen.

all right
- Everything is **all right**. We can go home now.

das **Verbot,** Verbote *n*
- Die Aktivisten forderten ein **Verbot** von Motorfahrzeugen.

ban
- The activists demanded a **ban** on motor vehicles.

verbieten *v-irr*
- Abfall herumliegen zu lassen, **ist** hier strengstens **verboten**.

to prohibit
- Dropping litter **is** strictly **prohibited** here.

hindern *v*
- Wir **wurden** daran **gehindert**, unsere Reise fortzusetzen.

to prevent
- We **were prevented** from continuing our journey.

Discussions and Agreements

die **Diskussion,** Diskussionen *n*
- Ich habe eine interessante **Diskussion** über neue Gesetze gesehen.

discussion
- I watched an interesting **discussion** about some new laws.

diskutieren *v*
- Die Gäste **werden** über das Problem der Drogensucht **diskutieren**.

to discuss
- The guests **will discuss** the problem of drug addiction.

die **Meinung,** Meinungen *n*
- Meiner **Meinung** nach sind ihre Bücher langweilig.

opinion
- In my **opinion** her books are boring.

meinen *v*
- **Meinen** Sie mich? – Ja, ich **meine** Sie.

to mean
- Do you **mean** me? – Yes, I **mean** you.

der **Rat** *n*
- Ich möchte dir einen guten **Rat** geben.

advice
- Let me give you a piece of good **advice**.

die **Empfehlung,** Empfehlungen *n*
- Jack ignorierte meine **Empfehlung**, mit dem Rauchen aufzuhören.

recommendation
- Jack ignored my **recommendation** to stop smoking.

die **Einigung,** Einigungen *n*
- Sie kamen zu einer **Einigung** über den Schutz der Wale.

agreement
- They reached an **agreement** on protecting whales.

einverstanden sein *phrase*
- Ich **bin einverstanden**, dass etwas getan werden muss.

to agree
- I **agree** with you that something must be done.

Einverstanden! *interj*

Okay!

In Ordnung! *interj*

Okay!

akzeptieren *v*
- Ich habe Phillipp gesagt, wir **würden** seinen Vorschlag **akzeptieren**.

to accept
- I told Phillipp we**'d accept** his proposal.

überzeugen *v*
- Er **überzeugte** mich nicht, dass er der Richtige dafür ist.

to convince
- He didn't **convince** me that he is the right man for it.

recht haben *phrase*
- Peter ist so ein Besserwisser. Er muss immer **recht haben**.

to be right
- Peter is such a know-all. He always has to **be right**.

unrecht haben *phrase*
- Ich denke, dieses Mal **hast** du **unrecht**. Sie ist älter als ich.

to be wrong
- I think this time you're **wrong**. She is older than me.

klar *adj*
- Eines ist **klar**: Er starb nicht infolge eines Kampfes.

clear
- One thing is **clear**: he did not die as the result of a fight.

genau *adj*
- Der Junge führte die Polizei an **genau** die Stelle.

exact
- The boy led the police to the **exact** spot.

wichtig *adj*
- Eine gute Ernährung ist **wichtig**, wenn man gesund bleiben möchte.

important
- A good diet is **important** if you want to stay healthy.

unwichtig *adj*

unimportant

die Kritik, Kritiken *n*
- Ein Politiker muss offen für **Kritik** sein.

criticism
- A politician must be open to **criticism**.

kritisieren *v*
- Jeder hat das Recht, die Regierung zu **kritisieren**.

to criticize
- Everybody has the right to **criticize** the government.

das heißt *phrase*
- Wir müssen Geld sparen. **Das heißt**, wir müssen weniger ausgeben.

that is to say
- We need to save money. **That is to say**, we need to spend less.

zum Beispiel *phrase*
- In Australien gibt es viele Tiere, **zum Beispiel** das Känguru.

for example
- There are many animals in Australia, **for example** the kangaroo.

gegen *prep*
- Karl ist **gegen** jede Art von Gewalt.

against
- Karl is **against** violence of any kind.

Conflicts

der **Streit**, Streite n
- Sie hatten einen **Streit** über sein ständiges Fremdgehen.

argument
- They got into an **argument** about his constantly two-timing her.

streiten, streitet, stritt, hat gestritten v-irr
- Sie **streiten** darüber, welches Programm sie anschauen wollen.

to argue
- They **are arguing** about which programme they want to watch.

die **Wut** n
- Papa geriet in heftige **Wut**, als er das zerbrochene Fenster sah.

rage
- Dad flew into a **rage** when he saw the broken window.

wütend adj
- Ich werde **wütend**, wenn du mir nicht zuhörst!

angry
- I'll be **angry** if you don't listen to me.

der **Zorn** n
- Er fürchtete sich vor dem **Zorn** seines Bruders.

wrath
- He feared the **wrath** of his brother.

zornig adj
- Mein Fahrlehrer wird sehr **zornig**, wenn ich wieder zu spät komme.

angry
- My driving instructor will be very **angry** if I'm late again.

der **Ärger** n
- Im Winter habe ich oft **Ärger** mit meinem Wagen.

trouble
- In winter I often have **trouble** with my car.

ärgerlich adj
- Es ist wirklich **ärgerlich**, dass du dein Handy verloren hast.

annoying
- It's really **annoying** that you've lost your mobile.

verärgert adj
- Gina war wirklich **verärgert** über die Entscheidung der Jury.

upset
- Gina was really **upset** about the decision of the jury.

sich aufregen v-sep
- Paula **hat sich** sehr **aufgeregt**, als sie die Nachricht erfuhr.

to get upset
- Paula **got** very **upset** when she heard the news.

schreien, schreit, schrie, hat geschrien v-irr
- Es gibt keinen Grund zu **schreien**. Ich bin nicht taub.

to shout
- There's no need to **shout**. I'm not deaf.

sauer *adj*
- Wir waren wirklich **sauer** auf ihn, als er uns das sagte.

annoyed
- We got really **annoyed** with him when he told us that.

stören *v*
- Es **stört** mich wirklich, dass sie immer vor unserem Haus parken.
- **Störe** sie nicht, wenn sie arbeitet.

to bother; to disturb
- It really **bothers** me that they always park in front of our house.
- Don't **disturb** her when she's working.

sich beschweren *v*
- Unsere Nachbarn sind häufig laut, aber wir **beschweren uns** nicht.

to complain
- Our neighbours are often noisy, but we don't **complain**.

j-m etw. übel nehmen *phrase*
- Ich kann es ihm nicht **übel nehmen**. Er ist jung und unerfahren.

to hold sth. against sb.
- I can't **hold** it **against** him. He's young and inexperienced.

Greeting and Taking Leave

Hallo! *interj*

Hello!; Hi!

Guten Tag! *interj*

Good afternoon!

➡ You can often hear different greetings being used in different parts of Germany, or in Austria and Switzerland: **Grüß Gott!**, **Servus** (in Southern Germany/Austria), **Grüezi** (in Switzerland) and **Moin, Moin!** (in Northern Germany) are often used instead of **Guten Tag!** or **Hallo!**

Guten Morgen! *interj*

Good morning!

Guten Abend! *interj*

Good evening!

Gute Nacht! *interj*

Good night!

Auf Wiedersehen!; Auf Wiederluege! *CH interj*

Goodbye!

Tschüss! *interj*

Bye!

➡ When saying goodbye in German you can choose between the following: **(Auf) Wiedersehen!** (polite and neutral), **Tschüs(s)!** (among friends) or **Bis bald!** (neutral).

Bis dann! *interj*

See you!

Bis später! *interj*

See you later!

Bis morgen! *interj*

Till tomorrow!

Willkommen! *interj*	Welcome!
Herein! *interj*	Come in!
Sehr erfreut! *interj*	Nice to meet you.
Schönen Tag! *interj*	Have a nice day!

Common Phrases

Wie geht es Ihnen? *phrase*	How are you?
Wie geht es dir? *phrase*	How are you?
Wie geht's? *phrase*	
Danke, gut. *phrase*	Fine, thank you.
Möchten Sie ...? *phrase*	Would you like to ...?
Möchtest du ...? *phrase*	Would you like to ...?
Könnten Sie ... ? *phrase*	Could you ... ?
Könntest du ... ? *phrase*	Could you ... ?
Kann ich Ihnen helfen? *phrase*	Can I help you?
Kann ich dir helfen? *phrase*	Can I help you?
Nehmen Sie doch bitte Platz! *phrase*	Have a seat, please.
Bedienen Sie sich! *phrase*	Please, help yourself.
Bedien dich! *phrase*	Please, help yourself.
Ja, gern. *phrase*	Yes, please.
Hoffentlich! *interj*	Hopefully!
Alles klar! *interj*	All right.
Was ist los? *phrase*	What's the matter?
Das macht nichts. *phrase*	That doesn't matter.

Actions and Behaviour

General Activities

tun, tut, tat, hat getan *v-irr*
- Ich habe heute Morgen viel zu **tun**.

to do
- I've got a lot of things to **do** this morning.

machen *v*
- Was **machst** du gerade? – Ich mache das Frühstück.
- **Hast** du dieses Kleid selbst **gemacht**?

to do; to make
- What **are** you **doing**? – I'm making breakfast.
- **Did** you **make** that dress yourself?

➡ The verb **tun** is often combined with adjectives to form phrases: **Das tut weh. That hurts. Das tut gut. That feels good.** Otherwise, the verb **machen** is generally the more common way of expressing **to do** in German: **Ich mache meine Hausaufgaben. I'm doing my homework.**

die **Sache,** Sachen *n*
- Könntest du mir in dieser **Sache** irgendeinen Rat geben?
- Lisa sammelte ihre **Sachen** auf und verließ das Zimmer.

matter; thing
- Could you give me any advice on this **matter**?
- Lisa gathered up her **things** and left the room.

das **Ding,** Dinge *n*
- Ich betrat das Kaufhaus, um ein paar **Dinge** zu kaufen.

thing
- I went into the department store to buy a few **things**.

die **Tätigkeit,** Tätigkeiten *n*
- Vielen Menschen in Altersheimen gibt man keine **Tätigkeiten**.

activity
- Many people in retirement homes don't do any kind of **activity**.

der **Gebrauch** *n*
- Der **Gebrauch** von elektrischen Geräten aller Art ist verboten.

use
- The **use** of any kind of electrical device is prohibited.

brauchen *v*
- Um das Haus zu streichen, **brauchst** du Farbe und eine Leiter.

to need
- To paint the house you will **need** paint and a ladder.

benutzen *v*
- Katrina **benutzt** einen Computer für ihre gesamte Korrespondenz.

to use
- Katrina **uses** a computer for all her correspondence.

legen *v*
- Will **legte** sich den Schal um den Hals.

to put
- Will **put** the scarf round his neck.

stellen *v*
- Stell die Bücher zurück in den Bücherschrank!

to put
- Put the books back in the bookcase.

tragen,
trägt, trug, hat getragen *v-irr*
- Sie müssen ihr Gepäck selbst tragen.

to carry
- You have to carry your luggage yourself.

halten, hält, hielt, hat gehalten *v-irr*
- Könntest du bitte meine Tasche einen Moment lang halten?

to hold
- Could you hold my bag for a moment, please?

ziehen, zieht, zog, hat gezogen *v-irr*
- Dieser Koffer hat Räder, damit du ihn ziehen kannst.

to pull
- The suitcase has wheels so you can pull it.

drücken
- Schau auf das Schild! Du musst die Tür drücken.

to push
- Look at the sign. You have to push the door.

drehen *v*
- Um die Tür fest zu verschließen, dreh den Schlüssel zweimal um.

to turn
- To lock the door securely, turn the key twice.

suchen *v*
- Ich suche meinen Schlüssel, kann ihn aber nicht finden.

to look for
- I am looking for my key, but I can't find it.

finden,
findet, fand, hat gefunden *v-irr*
- Jemand hat die Uhr gefunden, die du verloren hast.

to find
- Someone found the watch you lost.

lassen, lässt, ließ, hat gelassen *v-irr*
- Alex lässt seinen Wagen oft in der Garage und nimmt das Fahrrad.
- Lass den Hund nicht raus!

to leave; to let
- Alex often leaves his car in the garage and takes his bike.
- Don't let the dog out!

entfernen *v*
- Es ist nicht leicht, Graffiti von den Wänden zu entfernen.

to remove
- It isn't easy to remove graffiti from the walls.

beenden *v*
- Ich habe meine Arbeit vor einer Stunde beendet.
- Sie hat die Beziehung zu ihrem Freund beendet.

to finish; to end
- I finished my work an hour ago.
- She ended the relationship with her boyfriend.

fertig *adj*
- Mein Aufsatz über den Klimawandel ist fast **fertig**.

finished
- My essay on climate change is almost **finished**.

sich fertig machen *phrase*
- Wir sollten **uns fertig machen**. Der Zug fährt in einer Stunde ab.

to get ready
- We should **get ready**. The train is leaving in an hour.

schlafen, schläft, schlief, hat geschlafen *v-irr*
- Nach einem langen Arbeitstag wollte ich nur noch **schlafen**.

to sleep
- After a long day at work I only wanted to **sleep**.

ins Bett gehen *phrase*
- Ich denke, die Kleine sollte vor acht **ins Bett gehen**.

to go to bed
- I think the little one should **go to bed** before eight.

müde *adj*
- Wenn die Kinder draußen spielen, werden sie später **müde** sein.

tired
- If the kids play outside, they'll be **tired** later.

wecken *v*
- Mein Hund **weckte** mich heute Morgen, weil er Hunger hatte.

to wake
- My dog **woke** me this morning because he was hungry.

stehen, steht, stand, hat gestanden *v–irr*
- Linda **steht** auf dem Bahnsteig und wartet auf den Zug.

to stand
- Linda **is standing** on the platform and is waiting for the train.

aufstehen *v-sep-irr*
- Sie **stand auf**, um zur Arbeit zu gehen.

to get up
- She **got up** to go to work.

fallen, fällt, fiel, ist gefallen *v-irr*
- Das Buch ist auf den Fußboden **gefallen**.

to fall
- The book has **fallen** on the floor.

Endeavours and Plans

der **Plan,** Pläne *n*
- Wir haben für heute Abend noch keine konkreten **Pläne**.

plan
- We have no definite **plans** for tonight yet.

planen *v*
- Lukas **plant**, seinen nächsten Urlaub in Spanien zu verbringen.

to plan
- Lukas **plans** to spend his next holiday in Spain.

vorhaben *v-sep-irr*
- Was **hast** du heute Abend **vor**? Ich weiß es noch nicht.

to plan
- **Have** you anything **planned** for this evening? I don't know yet.

der **Versuch,** Versuche *n*
- Dies ist mein letzter **Versuch**. Wenn das nicht geht, gebe ich auf.

attempt
- This is my last **attempt**. If it doesn't work I'll give up.

versuchen *v*
- Ich glaube nicht, dass du es schaffst, aber du kannst es **versuchen**.

to try
- I don't think you'll make it, but you can **try**.

sich bemühen *v*
- Ich **werde mich** wirklich **bemühen**, pünktlich zu sein.

to try hard
- I'll really **try hard** to be on time.

vorbereiten *v-sep*
- Sarah wird ihm dabei helfen, die Party **vorzubereiten**.

to prepare
- Sarah is going to help him **prepare** the party.

anstrengend *adj*
- Mein Beruf als Kassiererin kann manchmal **anstrengend** sein.

tiring
- My job as a cashier can be **tiring** at times.

die **Entscheidung,** Entscheidungen *n*
- Kommen wir zu einer **Entscheidung**.

decision
- Let's come to a **decision**.

entscheiden *v-irr*
- Ein Tor in der letzten Minute **entschied** das Spiel.

to decide
- A goal in the last minute **decided** the match.

sich entscheiden *v-irr*
- Helen **entschied sich**, ihre Mutter anzurufen.

to decide
- Helen **decided** to phone her mum.

sicher *adj*
- Ich glaube, sie haben geöffnet, aber ich bin nicht **sicher**.

certain
- I think they are open, but I'm not **certain**.

unsicher *adj*

uncertain

Help, Duty and Reliability

die **Hilfe,** Hilfen *n*
- Ich brauche deine **Hilfe** in dieser Angelegenheit.

help
- I need your **help** in this matter.

helfen, hilft, half, hat geholfen *v-irr*
- Einige Studenten **helfen** alten Menschen, die allein leben.

to help
- Some students **help** old people who live alone.

j-m helfen, etw. zu tun *phrase*
- Kannst du deiner Schwester **helfen**, den Müll hinauszutragen?

to help sb. (to) do sth.
- Can you **help** your sister put the rubbish out?

der **Gefallen,** Gefallen *n*
- Dürfte ich dich um einen **Gefallen** bitten?

favour
- Can I ask a **favour** of you?

j-m einen Gefallen tun *phrase*
- Würdest du mir **einen Gefallen tun** und mir dein Rad leihen?

to do sb. a favour
- Would you **do** me **a favour** and lend me your bike?

sich bereit erklären *phrase*
- Lauras Eltern **erklärten sich bereit**, ihre Fahrstunden zu bezahlen.

to agree to do sth.
- Laura's parents **agreed to** pay for her driving lessons.

die **Unterstützung,**
Unterstützungen *n*
- Diese Wohlfahrtsorganisation braucht finanzielle **Unterstützung**.

support

- This charity needs financial **support**.

unterstützen *v*
- Die Zeitung **unterstützte** offen den Wahlkampf eines Kandidaten.

to support
- The newspaper openly **supported** one candidate's campaign.

Owning, Giving and Taking

haben, hat, hatte, hat gehabt *v-irr*
- Im Mai **habe** ich immer Heuschnupfen.
- Kevin **hat** viel Geld, aber keine Manieren.

to have; have got
- I always **have** hay fever in May.
- Kevin**'s got** lots of money but no manners.

---

bekommen *v-irr*
- Philipp **hat** gestern 20 E-Mails zum Geburtstag **bekommen**.

to get
- Philipp **got** 20 e-mails yesterday for his birthday.

---

der **Besitz, Besitze** *n*
- Johanna verkaufte all ihren **Besitz** und fuhr nach Indien.

property
- Johanna sold all her personal **property** and went to India.

---

besitzen *v-irr*
- Sie sind ziemlich wohlhabend. Sie **besitzen** drei Häuser.

to own
- They're fairly wealthy. They **own** three houses.

---

eigen *adj*
- Meine Großmutter backt ihr **eigenes** Brot.

own
- My grandmother bakes her **own** bread.

---

behalten *v-irr*
- Du kannst das Buch **behalten**, ich brauche es nicht.

to keep
- You can **keep** the book, I don't need it.

---

geben, gibt, gab, hat gegeben *v-irr*
- Ich **habe** meinem Nachbarn eine Flasche Wein für seine Hilfe **gegeben**.

to give
- I **gave** my neighbour a bottle of wine for his help.

---

zurückgeben *v-sep-irr*
- Ich muss diese Bücher bis spätestens Freitag **zurückgeben**.

to return
- I have to **return** these books to the library by Friday.

---

bringen, bringt, brachte, hat gebracht *v-irr*
- Der Postbote **brachte** heute dieses Paket.

to bring
- The postman **brought** this parcel today.

---

mitbringen *v-sep-irr*
- Kann ich meinen Freund zur Party **mitbringen**?

to bring
- Can I **bring** my boyfriend to the party?

nehmen, nimmt, nahm,
hat genommen *v-irr*
- Wir **nahmen** ein Taxi zum
  Flughafen.

to take
- We **took** a taxi to the airport.

mitnehmen *v-sep-irr*
- Ich **nehme** zum Wandern immer
  mein Schweizer Messer **mit**.

to take
- I always **take** my Swiss Army knife
  when I go hiking.

wegnehmen *v-sep-irr*
- Wer **hat** meine Schlüssel
  weggenommen?

to take
- Who **took** my keys?

holen *v*
- Könntest du mir eine Flasche Wasser
  aus der Küche **holen**?

to get
- Could you **get** me a bottle of water
  from the kitchen?

(ver)leihen, leiht, lieh,
hat geliehen *v-irr*
- Die Bank will mir kein Geld **leihen**,
  weil ich nicht genug verdiene.

to lend
- The bank won't **lend** me any money
  because I don't earn enough.

(sich) ausleihen *v-sep-irr*
- Kann ich **mir** bis morgen dein
  Fahrrad **ausleihen**?

to borrow
- Can I **borrow** your bike till
  tomorrow?

erhalten *v-irr*
- Ich habe es gestern abgeschickt und
  Martin **hat** es heute **erhalten**.

to receive
- I sent it yesterday, and Martin
  received it today.

annehmen *v-sep-irr*
- Ich **nehme** Ihre Einladung dankbar
  an.

to accept
- I gladly **accept** your invitation.

Body and Health

Body Parts and Organs

der **Körper,** Körper *n*	body
der **Kopf,** Köpfe *n*	head
die **Nase,** Nasen *n*	nose
das **Auge,** Augen *n*	eye
das **Ohr,** Ohren *n*	ear
der **Mund,** Münder *n*	mouth
der **Zahn,** Zähne *n*	tooth
die **Zunge,** Zungen *n*	tongue
der **Hals,** Hälse *n*	neck; throat
die **Lippe,** Lippen *n*	lip
die **Stirn,** Stirnen *n*	forehead
das **Gehirn,** Gehirne *n*	brain
die **Brust,** Brüste *n*	breast; chest
der **Bauch,** Bäuche *n*	belly
der **Rücken,** Rücken *n*	back
das **Gesäß,** Gesäße *n*	bottom; buttocks
der **Knochen,** Knochen *n*	bone
der **Arm,** Arme *n*	arm
die **Hand,** Hände *n*	hand
der **Finger,** Finger *n*	finger
das **Bein,** Beine *n*	leg
das **Knie,** Knie *n*	knee
der **Fuß,** Füße *n*	foot
das **Blut** *n*	blood
das **Herz,** Herzen *n*	heart

Illness and Physical Impairments

die **Gesundheit** *n*
- Mein Vater ist bei bester **Gesundheit**.

health
- My father is in good **health**.

gesund *adj*
- Der Chef wirkt äußerst **gesund** trotz seines Alters.

healthy
- The boss looks extremely **healthy** despite his age.

gesund werden *phrase*
- Emma war gestern krank, **ist** aber schnell wieder **gesund geworden**.

to recover
- Emma was ill yesterday, but she quickly **recovered**.

gut gehen *phrase*
- Mir **geht** es heute nicht **gut**.

to be well
- I'm not very **well** today.

schlecht gehen *phrase*
- Nach der Operation **geht** es ihr immer noch sehr **schlecht**.

be doing badly
- She **is** still **doing badly** after the operation.

die **Krankheit,** Krankheiten *n*
- Meine Tante starb nach langer **Krankheit**.

illness
- My aunt died after a long **illness**.

krank *adj*
- Ich war **krank** und musste zwei Wochen im Bett bleiben.

ill
- I was **ill** and had to stay in bed for a couple of weeks.

krank werden *phrase*
- Ich bin sehr gesund und **werde** fast nie **krank**.

to get ill
- I'm very healthy and hardly ever **get ill**.

leiden, leidet, litt, hat gelitten *v-irr*
- Michael **leidet** an Multipler Sklerose.

to suffer
- Michael **suffers** from multiple sclerosis.

körperlich *adj*
- Meine geistigen und **körperlichen** Fähigkeiten wurden getestet.

physical
- Both my mental and **physical** abilities were tested.

psychisch *adj*
- Er ist von Geburt an **psychisch** krank.

mentally
- He's been **mentally** ill since he was born.

die **Erkältung,** Erkältungen *n*

cold

sich erkälten *v*
- Niklas **erkältete sich,** weil er stundenlang im kalten Regen stand.

to catch a cold
- Niklas **caught a cold** standing in the cold rain for hours.

der **Husten** *n*

cough

husten *v*
- Wegen der Autoabgase musste ich **husten.**

to cough
- The exhaust fumes made me **cough.**

das **Fieber** *n*

temperature

die **Kopfschmerzen** *n m pl*

headache

die **Übelkeit** *n*

sickness

übel *adj*
- Leider kann ich heute nicht kommen. Mir ist so **übel.**

sick to one's stomach
- Unfortunately I can't come today. I feel so **sick to my stomach.**

schlecht *adj*
- Mir wird **schlecht,** wenn ich hinten im Auto sitze.

sick
- I feel **sick** when I sit in the back of a car.

der **Schmerz,** Schmerzen *n*
- Tobias spürte einen **Schmerz** in seinem Rücken, als er den Koffer hob.

pain
- Tobias felt a **pain** in his back when he lifted the suitcase.

schmerzen *v*
- Meine Schultern **schmerzen.** Könntest du sie massieren?

to hurt
- My shoulders **hurt.** Could you give them a massage?

wehtun *v-sep-irr*
- Mein Rücken **tut weh,** weil ich im Garten gearbeitet habe.

to hurt
- My back **hurts** from working in the garden.

(sich) verletzen *v*
- Tom fiel von der Leiter und **verletzte sich** am Bein.

to hurt
- Tom fell off the ladder and **hurt** his leg.

sich brechen, bricht, brach, hat gebrochen *v-irr*
- Ich **habe mir** beim Handballspielen den Arm **gebrochen.**

to break

- I **broke** my arm playing handball.

die **Wunde,** Wunden *n*
- Es ist nur eine kleine **Wunde.** Kein Grund zur Panik.

wound
- It's only a small **wound.** No reason to panic.

bluten *v*
- Mein Finger **blutete** stark, nachdem ich mich geschnitten hatte.

to bleed
- My finger **bled** heavily when I cut it.

die **Kraft,** Kräfte *n*
- Seit Jahren arbeitet Julia daran, ihre **Kraft** aufzubauen.

strength
- Julia's been working on building up her **strength** for years.

stark *adj*
- Ich bin nicht **stark** genug, diesen Koffer zu heben.

strong
- I'm not **strong** enough to lift this suitcase.

schwach *adj*
- Ich fühlte mich **schwach** und müde nach der Wanderung.

weak
- I felt **weak** and tired after the hike.

bewusstlos *adj*
- Wie lange war er **bewusstlos**?

unconscious
- How long was he **unconscious**?

in Ohnmacht fallen *phrase*
- Barbara **fiel in Ohnmacht**, als man ihr die Nachricht überbrachte.

to faint
- Barbara **fainted** when they broke the news to her.

der **Schock,** Schocks *n*

shock

der **Behinderte,**
die **Behinderte,** Behinderten *n m-f*
- Die Toilette ist für **Behinderte** konzipiert.

disabled person

- The toilet is designed to be used by a **disabled person**.

behindert *adj*
- Seit einem Autounfall vor einem Jahr ist Lena **behindert**.

disabled
- Lena has been **disabled** since having a car accident a year ago.

rauchen *v*
- Jonas hat vor zwei Wochen aufgehört zu **rauchen**.

to smoke
- Jonas stopped **smoking** two weeks ago.

betrunken *adj*
- Michael war sehr **betrunken**, als er gestern Abend nach Hause kam.

drunk
- Michael was very **drunk** when he came home last night.

Medical Examinations and Hospital

das **Krankenhaus,** Krankenhäuser *n*	hospital
die **Klinik,** Kliniken *n*	clinic
der **Patient,** die **Patientin,** Patienten *n*	patient
die **Untersuchung,** Untersuchungen *n* ▪ Ich musste mich einer medizinischen **Untersuchung** unterziehen.	examination ▪ I had to undergo a medical **examination**.
untersuchen *v* ▪ Dominik **wurde** von einer Ärztin **untersucht**.	to examine ▪ Dominik **was examined** by a woman doctor.
die **Behandlung,** Behandlungen *n* ▪ Ich erhielt eine **Behandlung** gegen meine Schwindelanfälle.	treatment ▪ I received **treatment** for my dizzy spells.
behandeln *v* ▪ Annas Symptome **wurden** von einem Spezialisten **behandelt**.	to treat ▪ Anna's symptoms **were treated** by a specialist.
medizinisch *adj* ▪ Sie darf aus **medizinischen** Gründen keinen Alkohol trinken.	medical ▪ She can't drink alcohol for **medical** reasons.
die **Operation,** Operationen *n* ▪ Ich hatte eine **Operation** am Bein.	operation ▪ I had an **operation** on my leg.
operieren *v* ▪ Wir müssen Sie leider am Magen **operieren**.	to operate ▪ I'm afraid we'll have to **operate** on your stomach.
das **Rezept,** Rezepte *n* ▪ Der Arzt gab Felix ein **Rezept** gegen seinen Husten.	prescription ▪ The doctor gave Felix a **prescription** for his cough.
verschreiben *v-irr* ▪ Dieses Medikament **wurde** ihr von ihrem Arzt **verschrieben**.	to prescribe ▪ This drug **was prescribed** by her doctor.
die **Sprechstunde,** Sprechstunden *n* ▪ Die **Sprechstunde** ist von 8 bis 13 Uhr.	surgery hours ▪ **Surgery hours** are from 8 am to 1 pm.

die **Praxis,** Praxen *n*	surgery
die **Medizin,** Medizinen *n*	medicine
das **Medikament,** Medikamente *n*	medication
die **Tablette,** Tabletten *n*	pill

Emergencies

die **Gefahr,** Gefahren *n* • Während und nach dem Erdbeben waren sie in großer **Gefahr**.	danger • During and after the earthquake they were in great **danger**.
gefährlich *adj* • Es ist ziemlich **gefährlich**, von dieser Klippe herunterzuspringen.	dangerous • It's quite **dangerous** to jump off this cliff.
der **Unfall,** Unfälle *n*	accident
der **Brand,** Brände *n*	blaze
sich **verbrennen** *v-irr* • Ich habe **mir** fast die Hand **verbrannt**, als ich es anfasste.	to burn • I almost **burnt** my hand when I touched it.
der **Zusammenstoß,** Zusammenstöße *n*	collision; crash
zusammenstoßen *v-sep-irr* • Zwei U-Boote **stießen** im Nordatlantik **zusammen**. • Der Personenzug **stieß** mit dem Güterzug **zusammen**.	to collide; to crash • Two submarines **collided** in the North Atlantic. • The local train **crashed** into the freight train.
abstürzen *v-sep* • Das Flugzeug **stürzte** gleich nach dem Start **ab**.	to crash • The plane **crashed** right after take-off.
retten *v* • Alles Erdenkliche sollte getan werden, um die Gorillas zu **retten**. • Minuten bevor das Schiff sank, **wurde** die Crew **gerettet**.	to save; to rescue • Everything imaginable should be done to **save** the gorillas. • The crew **was rescued** minutes before the ship sank.

überleben *v*
- Nur drei Seeleute **überlebten** den Zusammenstoß.

to survive
- Only three sailors **survived** the collision.

um Hilfe rufen *phrase*
- Der Junge brach ins Eis ein und seine Freunde **riefen um Hilfe**.

to call for help
- The boy fell through the ice and his friends **called for help**.

Vorsicht!
- **Vorsicht!** Da kommt ein Auto.

Look out!
- **Look out!** There's a car coming.

➡ In German you shout **Achtung!** or **Vorsicht!** to warn somebody of danger. If it's you who is in need of assistance, then you shout **Hilfe!**

die **Polizei,** Polizeien *n*	police
die **Feuerwehr,** Feuerwehren *n*	fire brigade
der **Rettungsdienst,** Rettungsdienste *n*	rescue service
der **Krankenwagen,** Krankenwagen *n*	ambulance
der **Alarm,** Alarme *n*	alarm
die **Notrufnummer,** Notrufnummern *n*	emergency number

Personal Hygiene

sich waschen *v-irr*
- Simon stand auf, **wusch sich** und verließ eilends das Haus.

to wash
- Simon got up, **washed** and left the house in a hurry.

duschen *v*
- Warum klingelt das Telefon immer dann, wenn ich **dusche**?

to have a shower
- Why does the phone always ring when I**'m having a shower**?

baden *v*
- Ich **badete** gerade, als der Postbote an der Tür klopfte.

to have a bath
- I **was** just **having a bath** when the postman knocked at the door.

abtrocknen *v-sep*
- Gibst du mir bitte das Handtuch? Ich möchte mich **abtrocknen**.

to dry
- Could you hand me the towel? I want to **dry** myself.

(sich) kämmen *v*
- Bitte **kämm** deine Haare, bevor du das Haus verlässt.

to comb
- Please **comb** your hair before you leave the house.

bürsten *v*
- Könntest du deine Haare nicht wenigstens einmal am Tag **bürsten**?

to brush
- Could you **brush** your hair at least once a day?

Zähne putzen *phrase*
- Warum nutzt du nicht die Werbepause, um dir die **Zähne** zu **putzen**?

to brush one's teeth
- Why don't you use the commercial break to **brush your teeth**?

sich rasieren *v*
- Mein Bart wächst schnell. Ich muss **mich** zweimal am Tag **rasieren**.

to shave
- My beard grows quickly. I have to **shave** twice a day.

das **Shampoo,** Shampoos *n*	shampoo
das **Duschgel,** Duschgele *n*	shower gel
die **Seife,** Seifen *n*	soap
die **Creme,** Cremes *n*	cream
der **Kamm,** Kämme *n*	comb
die **Haarbürste,** Haarbürsten *n*	hairbrush
die **Zahnbürste,** Zahnbürsten *n*	toothbrush
die **Zahnpasta,** Zahnpasten *n*	toothpaste
der **Rasierapparat,** Rasierapparate *n*	razor
das **Taschentuch,** Taschentücher *n*	handkerchief; tissue
das **Parfum,** Parfums *n*	perfume

Education

Learning

lernen *v*
- Ich würde gern Russisch **lernen**, aber ich habe nicht genug Zeit.
- **Hast** du für deinen Grammatiktest **gelernt**?

to learn; to study
- I'd love to **learn** Russian, but I don't have enough time.
- **Have** you **studied** for your grammar test?

studieren *v*
- Annika **hat** Medizin **studiert**.

to study
- Annika **studied** medicine.

das Wissen *n*
- Meines **Wissens** schreiben wir keinen Test am nächsten Montag.

knowledge
- To my **knowledge**, we don't have a test next Monday.

wissen, weiß, wusste, hat gewusst *v-irr*
- **Weißt** du etwas über Indianergrabstätten?

to know

- Do you **know** anything about Indian burial sites?

verstehen *v-irr*
- Tut mir leid, ich **habe** nicht **verstanden**, was Sie gesagt haben.
- **Hast** du **verstanden**, was sie gesagt hat?

to catch; to understand
- Sorry, I didn't **catch** what you said.

- **Did** you **understand** what she said?

das Interesse, Interessen *n*
- Die Studenten hörten dem Professor mit **Interesse** zu.

interest
- The students listened to the lecturer with **interest**.

interessiert *adj*
- Ich wäre sehr daran **interessiert**, deine Hausarbeit zu lesen.

interested
- I'd be very **interested** to read your assignment.

interessant *adj*
- Shilpa belegt einen **interessanten** Kurs.

interesting
- Shilpa is taking an **interesting** course.

sich interessieren für *phrase*
- Plötzlich **interessierte** er **sich für** unsere Diskussion.

to take an interest in
- He suddenly **took an interest in** our discussion.

der **Kurs**, Kurse *n*
- Nächstes Jahr werde ich einen **Kurs** in Chinesisch belegen.

course
- I'm going to take a **course** in Chinese next year.

die **Lektion**, Lektionen *n*
- Die erste **Lektion** ist immer sehr einfach.

lesson
- The first **lesson** is always very easy.

das **Beispiel**, Beispiele *n*
- Was würden Sie zum **Beispiel** vorschlagen?

example
- What would you suggest, for **example**?

die **Übung**, Übungen *n*
- Ich bin völlig außer **Übung**.
- Unsere Lehrerin bat uns, **Übung** 14 als Hausaufgabe zu machen.

practice; exercise
- I'm totally out of **practice**.
- Our teacher asked us to do **exercise** 14 for homework.

üben *v*
- Wenn du den Wettkampf gewinnen willst, musst du viel **üben**.

to practise
- If you want to win the competition, you need to **practise** a lot.

wiederholen *v*
- Wenn man die Prüfung nicht besteht, kann man sie **wiederholen**.

to repeat
- If you fail the test, you can **repeat** it.

das **Heft**, Hefte *n*
- Bitte übertragt die Übungen 2 und 4 in euer **Heft**.

exercise book
- Please copy exercises 2 and 4 into your **exercise book**.

die **Seite**, Seiten *n*
- Bitte schlagt eure Bücher auf **Seite** 125 auf.

page
- Please open your books at **page** 125.

richtig *adj*
- Du hast die Sache gut gemacht: neun von zehn Fragen sind **richtig**.
- Das ist die **richtige** Antwort.

correct; right
- You did a good job: nine out of ten answers are **correct**.
- That's the **right** answer.

falsch *adj*
- Ich glaube, ich habe es ganz **falsch** gemacht.

wrong
- I think I've done it all **wrong**.

der **Fehler**, Fehler *n*
- Der Artikel war voller **Fehler**.

mistake
- The article was full of **mistakes**.

einen Fehler machen *phrase*
- **Mach** nie denselben **Fehler** zweimal!

to make a mistake
- Never **make** the same **mistake** twice.

sich irren v
- Nick **irrt sich**. Die Antwort ist 26.

to be wrong
- Nick **is wrong**. The answer is 26.

die **Prüfung,** Prüfungen n
- Ihr werdet eine **Prüfung** ablegen müssen, um den Kurs zu bestehen.
- Die **Prüfung** in Mathematik beginnt um 9 Uhr.

test; examination
- You'll have to take a **test** to pass the course.
- The maths **examination** begins at 9 am.

➡ You can also say **der Test** in German to mean a test.

der **Abschluss,** Abschlüsse n
- Man muss einen **Abschluss** in Informatik haben.

degree
- You must have a **degree** in computer science.

das **Zeugnis,** Zeugnisse n
- Sie bekommen ein **Zeugnis**, nachdem Sie den Test bestanden haben.

certificate
- You'll get a **certificate** after you've passed the test.

die **Note,** Noten n
- Welche **Note** hast du im letzten Vokabeltest bekommen?

mark
- What **mark** did you get in the latest vocabulary test?

sich verbessern v
- Glaubst du, mein Deutsch **hat sich verbessert**?

to improve
- Do you think my German **has improved**?

die **Sorgfalt** n
- Harry macht seine Arbeit mit größter **Sorgfalt**.

care
- Harry takes the utmost **care** over his work.

gut adj
- Mario spricht **gutes** Englisch.

good
- Mario speaks **good** English.

besser adj
- Bernhards Deutsch wäre **besser**, wenn er Deutschland besuchen würde.

better
- Bernhard's German would be **better** if he visited Germany.

am besten adj
- Welches der beiden Bücher gefiel dir **am besten**?

best
- Which of the two books did you like **best**?

gut adv
- Oliver spricht **gut** Deutsch, kann es aber kaum schreiben.

well
- Oliver speaks German **well** but he can hardly write it.

schlecht *adj*
- Hast du eine **schlechte** Note für dein Referat bekommen?

bad
- Did you get a **bad** mark on your report?

leicht *adj*
- Deutschen fällt es **leichter**, Englisch zu lernen als Französisch.

easy
- Germans find it **easier** to learn English than French.

einfach *adj*
- Es war ein ziemlich **einfacher** Test.
- Es ist eine **einfache** Frage, aber ich kann sie nicht beantworten.

easy; simple
- It was quite an **easy** test.
- It is a **simple** question, but I can't answer it.

schwer *adj*
- Einige der Prüfungsfragen waren wirklich **schwer**.

hard
- Some of the questions on the exam paper were really **hard**.

schwierig *adj*
- Fangen wir mit einer leichten Frage an, und dann kommt eine **schwierige**.

difficult
- Let's begin with an easy question, and then a **difficult** one.

das **Problem**, Probleme *n*
- Die Fahrprüfung stellte keinerlei **Problem** für mich dar.
- Das ist das **Problem**: Tim will nicht auf die Universität gehen.

problem; trouble
- The driving test didn't pose any **problems** at all.
- That's the **trouble**: Tim doesn't want to go to university.

die **Anmeldung**, Anmeldungen *n*
- Die **Anmeldung** für diesen Kurs ist am 1. März.

registration
- **Registration** for this course is on March 1st.

sich anmelden *v-sep*
- Wo **meldet** man **sich** für den Kurs **an**?

to register
- Where do you **register** for the course?

besuchen *v*
- Welche Universität **haben** Sie **besucht**?

to attend
- Which university did you **attend**?

anwesend *adj*
- Nur fünf von 15 Personen waren **anwesend**.

present
- Only five out of 15 people were **present**.

abwesend *adj*
- Kein einziger meiner Studenten war heute **abwesend**.

absent
- Not a single one of my students was **absent** today.

fehlen *v*
- Anne ist eine der Studentinnen, die regelmäßig **fehlen**.

to be absent
- Anne is one of the students who **are** regularly **absent**.

Language

das **Alphabet,** Alphabete *n*
- Was ist der 17. Buchstabe des **Alphabets**?

alphabet
- What's the 17th letter of the **alphabet**?

der **Buchstabe,** Buchstaben *n*
- Das deutsche Alphabet hat 30 **Buchstaben**.

letter
- The German alphabet has 30 **letters**.

buchstabieren *v*
- Wie **buchstabiert** man Diarrhö?

to spell
- How do you **spell** diarrhoea?

das **Wort,** Wörter *n*
- Mir fiel das französische **Wort** dafür nicht ein.

word
- I couldn't think of the French **word** for it.

der **Satz,** Sätze *n*
- Bitte beantworten Sie die Fragen in vollständigen **Sätzen**.

sentence
- Please answer the questions using complete **sentences**.

die **Grammatik,** Grammatiken *n*
- Martin hat drei Bücher über deutsche **Grammatik** geschrieben.

grammar
- Martin's written three books on German **grammar**.

das **Substantiv,** Substantive *n*
- Vorschlag ist ein **Substantiv**, vorschlagen ist ein Verb.

noun
- Suggestion is a **noun**, to suggest is a verb.

das **Adjektiv,** Adjektive *n*
- Ich mag seinen Stil nicht, er benutzt viel zu viele **Adjektive**.

adjective
- I don't like his style, he uses far too many **adjectives**.

das **Adverb,** Adverbien *n*
- Unnötigerweise ist das **Adverb** und unnötig das Adjektiv.

adverb
- Unnecessarily is the **adverb** and unnecessary is the adjective.

das **Verb,** Verben *n*
- Das **Verb** ist das wichtigste Wort in einem Satz.

verb
- The **verb** is the most important word in a sentence.

der **Singular,** Singulare *n*
- Ich frage mich, wie das Wort Medien im **Singular** heißt.

singular
- I wonder what the word media is in the **singular**.

der **Plural,** Plurale *n*
- Es gibt keinen **Plural** für das englische Wort Information.

plural
- There's no **plural** for the English word information.

die **Bedeutung,** Bedeutungen *n*
- Ich weiß nicht, ob ich die **Bedeutung** von all dem verstehe.

meaning
- I don't know if I understand the **meaning** of all this.

bedeuten *v*
- Was **bedeutet** das Wort Tautologie?

to mean
- What does the word tautology **mean**?

die **Übersetzung,** Übersetzungen *n*
- Der Roman ist toll, aber die **Übersetzung** ist miserabel.

translation
- The novel is great but the **translation** is lousy.

übersetzen *v*
- Thomas **übersetzte** den Roman ins Schwedische.

to translate
- Thomas **translated** the novel into Swedish.

das **Wörterbuch,** Wörterbücher *n*
- Frank konnte den Artikel nicht ohne ein **Wörterbuch** verstehen.

dictionary
- Frank wasn't able to understand the article without a **dictionary**.

die **Sprache,** Sprachen *n*
- Christina spricht fünf **Sprachen**.

language
- Christina speaks five **languages**.

die **Muttersprache,** Muttersprachen *n*
- Meine **Muttersprache** ist Chinesisch.
- Für die Mehrzahl der Amerikaner ist Englisch die **Muttersprache**.
- Obwohl Karl Deutscher ist, ist seine **Muttersprache** nicht Deutsch.

native language; mother tongue; first language
- My **native language** is Chinese.
- For the majority of Americans, English is their **mother tongue**.
- Although Karl is German, his **first language** is not German.

die **Fremdsprache,** Fremdsprachen *n*
- Ute unterrichtet Deutsch als **Fremdsprache**.

foreign language
- Ute teaches German as a **foreign language**.

die **Aussprache,** Aussprachen *n*
- Ihr Deutsch ist gut, aber Ihre **Aussprache** muss man verbessern.

pronunciation
- Your German is good, but your **pronunciation** needs improving.

aussprechen *v-sep-irr*
- Wie **spricht** man dieses Wort **aus**?

to pronounce
- How do you **pronounce** this word?

School, University and Training

die **Schule,** Schulen *n*
- Die Kinder sind momentan in der **Schule**.

school
- The children are at **school** at the moment.

der **Schüler,** die **Schülerin,** Schüler *n*
- Wegen des warmen Wetters wurden die **Schüler** nach Hause geschickt.

pupil
- The **pupils** were sent home because of the hot weather.

der **Student,** die **Studentin,** Studenten *n*
- Ich habe 32 **Studenten** in meinem Geografiekurs.

student
- I've got 32 **students** in my geography course.

➡ **Student** and **Studentin** are only used in German to refer to a person who is matriculated at a university or college. Young people attending school are referred to as **Schüler** and **Schülerinnen**.

der **Unterricht,** Unterrichte *n*
- Der **Unterricht** beginnt um 8.30 Uhr.

classes
- **Classes** begin at 8:30 in the morning.

die **Unterrichtsstunde,** Unterrichtsstunden *n*
- An unserer Schule dauert eine **Unterrichtsstunde** 60 Minuten.

lesson
- At our school a **lesson** lasts for 60 minutes.

unterrichten *v*
- Wie viele Klassen **unterrichten** Sie?

to teach
- How many classes do you **teach**?

die **Klasse,** Klassen *n*
- Wir haben nur sieben Mädchen in unserer **Klasse**.

class
- We've got only seven girls in our **class**.

das **Klassenzimmer,** Klassenzimmer *n*
- Mein **Klassenzimmer** ist im zweiten Stock.

classroom
- My **classroom** is on the second floor.

das **Fach,** Fächer *n*
- Welche **Fächer** unterrichten Sie?

subject
- Which **subjects** do you teach?

der **Stundenplan,** Stundenpläne *n*
- Geografie ist die erste Stunde auf unserem **Stundenplan.**

timetable
- Geography is the first lesson on our **timetable.**

die **Pause,** Pausen *n*
- Wir nutzen die **Pause** zum Spielen.

break
- We use the **break** to play.

die **Hausaufgaben** *n f pl*
- Paul macht nie **Hausaufgaben,** aber ist der Klassenbeste.

homework
- Paul never does any **homework** but he's top of his class.

die **Universität,** Universitäten *n*
- Mark hat einen Abschluss in Biologie der **Universität** von Exeter.

university
- Mark has a degree in biology from the **University** of Exeter.

die **Hochschule,** Hochschulen *n*
- Wenn ich erwachsen bin, will ich auch zur **Hochschule** gehen.

college
- When I grow up I want to go to **college** too.

das **Studium,** Studien *n*
- Sie hat ihr gesamtes **Studium** in Kanada absolviert.

studies
- She did all her **studies** in Canada.

die **Ausbildung,** Ausbildungen *n*
- Seine **Ausbildung** kostete 40.000 Euro.

education
- His **education** cost EUR 40,000.

ausbilden *v-sep*
- Melanie **wurde** an einer amerikanischen Universität **ausgebildet.**

to educate
- Melanie **was educated** at an American university.

der **Kindergarten,** Kindergärten *n*
- Ich habe eine Schwester, die noch in den **Kindergarten** geht.

nursery (school)
- I've got a sister who is still at **nursery school.**

Career

Professional Life

der **Beruf,** Berufe *n*
- Es ist an der Zeit, dass ich den **Beruf** wechsele.

profession
- It's about time I changed my **profession**.

die **Arbeit** *n*
- Ich habe im Moment so viel **Arbeit**.

- Warum suchst du dir keine neue **Arbeit**?

work; job
- I've got so much **work** to do at the moment.

- Why don't you find yourself a new **job**?

die **Stelle,** Stellen *n*
- Ich suche eine **Stelle** mit besserer Bezahlung.

job
- I'm looking for a **job** with better pay.

der **Job,** Jobs *n*
- Ich suche einen neuen **Job**, weil meine Fabrik schließt.

job
- I'm looking for a new **job** because my factory is closing down.

der **Arbeitsplatz,** Arbeitsplätze *n*
- Ich werde bald meinen neuen **Arbeitsplatz** als Mechaniker antreten.

post
- I'm going to take up my new **post** as a mechanic soon.

arbeiten *v*
- Am Wochenende **arbeitet** Connor in einem Nachtclub.

to work
- Connor **works** in a night club at the weekend.

arbeiten als *phrase*
- Ich habe eine Ausbildung als Krankenschwester, aber ich **arbeite als** Sekretärin.

work as
- I trained to be a nurse, but I **work as** a secretary.

zur Arbeit gehen *phrase*
- Normalerweise **gehe** ich um 8 Uhr morgens **zur Arbeit**.

to go to work
- I usually **go to work** at 8 in the morning.

beschäftigt *adj*
- Ich bin sehr **beschäftigt** und kann mich nicht mit dir treffen.

busy
- I'm very **busy** and won't be able to see you.

leiten *v* ▪ Herr Peters **leitet** diese Abteilung.	**to run** ▪ Mr Peters **is running** this department.
verantwortlich *adj* ▪ Niklas wurde für den Ausfall der Maschine **verantwortlich** gemacht.	**responsible** ▪ Niklas was held **responsible** for the breakdown of the machine.
sich qualifizieren *v* ▪ Claudia **hat sich** als Computerspezialistin **qualifiziert**.	**to qualify** ▪ Claudia**'s qualified** as a computer specialist.
das **Personal** *n*	**staff**
der **Kollege**, die **Kollegin**, Kollegen *n*	**colleague; co-worker**
der **Mitarbeiter**, die **Mitarbeiterin**, Mitarbeiter *n*	**collaborator**
der **Chef**, die **Chefin**, Chefs *n*	**boss**
die **Geschäftsleitung**, Geschäftsleitungen *n*	**management**
die **Abteilung**, Abteilungen *n*	**department**
das **Team**, Teams *n*	**team**

Occupations

der **Geschäftsführer**, die **Geschäftsführerin**, Geschäftsführer *n*	manager

➡ Unlike in English, in German the indefinite article is not used when talking about a person's profession, e.g. **Mark is a teacher. Mark ist Lehrer.** or **Julia is a police officer. Julia ist Polizistin.**

der **Sekretär**, die **Sekretärin**, Sekretäre *n*	**secretary**
der **Hausmann**, Hausmänner *n*	**house husband**
die **Hausfrau**, Hausfrauen *n*	**housewife**
der **Verkäufer**, die **Verkäuferin**, Verkäufer *n*	**shop assistant**

der **Assistent,** die **Assistentin,** Assistenten *n*	**assistant**
der **Mechaniker,** die **Mechanikerin,** Mechaniker *n*	**mechanic**
der **Handwerker,** die **Handwerkerin,** Handwerker *n*	**tradesman**
der **Bäcker,** die **Bäckerin,** Bäcker *n*	**baker**
der **Metzger,** die **Metzgerin,** Metzger *n*	**butcher**
der **Friseur,** die **Friseurin,** Friseure *n*	**hairdresser**
der **Polizist,** die **Polizistin,** Polizisten *n*	**policeman; policewoman**
der **Lehrer,** die **Lehrerin,** Lehrer *n*	**teacher**
der **Professor,** die **Professorin,** Professoren *n*	**professor**
der **Anwalt,** die **Anwältin,** Anwälte *n*	**lawyer**
der **Arzt,** die **Ärztin,** Ärzte *n*	**doctor**
der **Zahnarzt,** die **Zahnärztin,** Zahnärzte *n*	**dentist**
der **Apotheker,** die **Apothekerin,** Apotheker *n*	**pharmacist; chemist**
der **Kellner,** die **Kellnerin,** Kellner *n*	**waiter; waitress**
der **Krankenpfleger,** die **Krankenpflegerin,** Krankenpfleger *n*	**male nurse; nurse**

Office Activities and Equipment

schreiben, schreibt, schrieb, hat geschrieben *v-irr*	to write
▪ Frau Schwarz **schrieb** eine E-Mail an alle ihre Kollegen.	▪ Frau Schwarz **wrote** an e-mail to all her colleagues.
notieren *v*	to note down
▪ Katharina **notierte** die An- und Abfahrtszeiten in ein Notizbuch.	▪ Katharina **noted down** the arrival and departure times in a notebook.
kopieren *v*	to copy
▪ Warum **kopierst** du nicht einfach den Brief?	▪ Why don't you just **copy** the letter?
das **Büro,** Büros *n*	office
der **Bürostuhl,** Bürostühle *n*	office chair
der **Schreibtisch,** Schreibtische *n*	desk
der **Kopierer,** Kopierer *n*	photocopier
die **Fotokopie,** Fotokopien *n*	photocopy
der **Kalender,** Kalender *n*	calendar; diary
die **Unterlagen** *n f pl*	documents
die **Notiz,** Notizen *n*	note
das **Papier,** Papiere *n*	paper
der **Zettel,** Zettel *n*	piece of paper
das **Blatt,** Blätter *n*	sheet
der **Kugelschreiber,** Kugelschreiber *n*	pen

➡ Alternative German words for pen are **der Stift** and **der Füller.**

der **Abfallkorb,** Abfallkörbe *n*	**wastepaper basket**

Application, Recruitment and Termination

der **Arbeitgeber,**
die **Arbeitgeberin,** Arbeitgeber *n*
- Die Automobilindustrie gehört zu den größten **Arbeitgebern**.

employer
- The automotive industry is one of the biggest **employers**.

die **Anstellung,** Anstellungen *n*
- Die **Anstellung** von Kindern unter 14 Jahren ist gegen das Gesetz.

employment
- The **employment** of children under 14 is against the law.

der **Angestellte,** die **Angestellte,** Angestellten *n m-f*
- Die **Angestellten** machen sich Sorgen um ihre Arbeitsplätze.

employee
- The **employees** are worried about their jobs.

angestellt *adj*
- Es ist eine kleine Firma. Nur 20 Personen sind dort **angestellt**.

employed
- It's a small firm. Only 20 people are **employed** there.

einstellen *v-sep*
- Sie **haben** einen neuen Produktmanager **eingestellt**.
- Die Presseabteilung **hat** eine neue Sekretärin **eingestellt**.

to employ; to hire
- They **employed** a new product manager.
- The public relations department **hired** a new secretary.

der **Arbeiter,** die **Arbeiterin,** Arbeiter *n*
- Die **Arbeiter** verlangen höhere Löhne.

worker
- The **workers** are demanding higher wages.

der **Mitarbeiter,**
die **Mitarbeiterin,** Mitarbeiter *n*
- Er zwingt seine **Mitarbeiter** dazu, Überstunden zu machen.

employee
- He forces his **employees** to work overtime.

die **Arbeitslosigkeit** *n*
- **Arbeitslosigkeit** ist ein ernstes Problem.

unemployment
- **Unemployment** is a serious problem.

arbeitslos *adj*
- Jan hat eine Stelle gefunden, nachdem er **arbeitslos** war.

unemployed
- Jan found a job after being **unemployed**.

die **Bewerbung,** Bewerbungen *n*
- Bitte schicken Sie Ihre **Bewerbung** per E-Mail.

application
- Please send your **application** by e-mail.

sich bewerben *v-irr*
- David **hat sich** schon auf fünf Stellen **beworben**.

to apply
- David **has applied** for five jobs so far.

Conditions of Employment

der **Lohn,** Löhne *n*
- Die **Löhne** in Asien sind viel niedriger.

wage
- **Wages** in Asia are much lower.

die **Bezahlung,** Bezahlungen *n*
- Ich mag meine Arbeit, obwohl die **Bezahlung** schlecht ist.

pay
- I like my work although the **pay** is bad.

das **Gehalt,** Gehälter *n*
- Ich werde ein **Gehalt** von 42.000 Euro bekommen.

salary
- I'll be on a **salary** of EUR 42,000.

verdienen *v*
- Vor zehn Jahren **verdiente** er mehr als heute.

to earn
- He **was earning** more ten years ago than he does today.

seinen Lebensunterhalt verdienen *phrase*
- Wie **verdient** sie ihren **Lebensunterhalt**?
- Christian **verdient seinen Lebensunterhalt** als Sprachlehrer.

**to do sth. for a living;
to make a living**
- What **does** she **do for a living**?
- Christian **makes a living** as a language teacher.

der **Vertrag,** Verträge *n*
- Du kannst den **Vertrag** sofort unterschreiben.

contract
- You can sign the **contract** straight away.

die **Forderung,** Forderungen *n*
- Ich bin nicht in der Position, **Forderungen** zu stellen.

demand
- I am not in the position to make **demands**.

fordern *v*
- Ich denke, ich sollte eine Gehaltserhöhung **fordern**.

to demand
- I think I should **demand** a pay rise.

die **Gewerkschaft,**
Gewerkschaften *n*
- Gespräche mit den **Gewerkschaften** finden statt.

trade union
- Talks are being held with the **trade unions**.

der **Streik,** Streiks *n*
- Die Gewerkschaft der Stahlarbeiter hat einen **Streik** ausgerufen.

strike
- The steelworkers' union has called a **strike**.

streiken *v*
- Das halbe Land **wird** nächsten Montag **streiken**.

to be on strike
- Half the country **will be on strike** next Monday.

die **Pause,** Pausen *n*
- Wir sollten einen Moment anhalten. Ich brauche eine **Pause**.

rest
- We should stop for a moment. I need a **rest**.

die **Rente,** Renten *n*
- Vaters **Rente** entspricht 70 Prozent seines letzten Einkommens.
- Er plant, an seinem 60. Geburtstag in **Rente** zu gehen.

pension; retirement
- Dad's **pension** is equivalent to 70 percent of his final income.
- He is planning to take **retirement** on his 60th birthday.

der **Ruhestand** *n*
- Ich denke ernsthaft über einen vorgezogenen **Ruhestand** nach.

retirement
- I'm seriously thinking about taking early **retirement**.

in Ruhestand gehen *phrase*
- Sandra **wird** Ende des Jahres **in Ruhestand gehen**.

to retire
- Sandra **is going to retire** at the end of the year.

Cultural Interests

Reading

das **Buch**, Bücher *n*	book
der **Leser**, die **Leserin**, Leser *n*	reader
lesen, liest, las, hat gelesen *v-irr* ■ Ich kenne den Film nicht, aber ich **habe** das Buch **gelesen**.	**to read** ■ I don't know the film but I**'ve read** the book.
vorlesen *v-sep-irr* ■ Meine Mutter **las** mir jeden Abend vor dem Zubettgehen **vor**.	**to read** ■ My mum used to **read** to me every night before I went to bed.
verfassen *v* ■ Wann **hat** Zola seinen offenen Brief „Ich klage an" **verfasst**?	**to write** ■ When **did** Zola **write** the open letter "I accuse"?
der **Text**, Texte *n* ■ Du solltest einen kurzen Aufsatz schreiben. Der **Text** ist zu lang.	**text** ■ You were supposed to write a short essay. This **text** is too long.
der **Titel**, Titel *n* ■ Kennst du den vollen **Titel** von Shakespeares Hamlet?	**title** ■ Do you know the full **title** of Shakespeare's Hamlet?
die **Geschichte**, Geschichten *n* ■ Es ist eine **Geschichte** von Piraten auf einer Schatzinsel.	**story** ■ It's a **story** about pirates on a treasure island.
die **Kurzgeschichte**, Kurzgeschichten *n*	short story
der **Roman**, Romane *n*	novel
der **Kriminalroman**, Kriminalromane *n*	detective story
die **Erzählung**, Erzählungen *n*	story
das **Märchen**, Märchen *n*	fairy tale
das **Sachbuch**, Sachbücher *n*	non-fiction book
die **Bibliothek**, Bibliotheken *n*	library

Music

die **Musik,** Musiken *n*	music
▪ Ich höre **Musik** von meinem iPod, wenn ich jogge.	▪ I listen to **music** on my iPod when I go jogging.

(zu)hören *v-sep*
▪ Jill **hörte** dem Lied **zu.**

to listen
▪ Jill **was listening** to the song.

➡ In German you use the verb **zuhören** (+ Dative) to mean **to listen** in the sense of paying close attention to what a person is saying. **Hören** is also used in the sense of **to hear** a random noise.

das **Lied,** Lieder *n*	song
▪ Der Chor sang ein paar melancholische **Lieder.**	▪ The choir sang a few melancholy **songs.**
die **Stimme,** Stimmen *n*	voice
▪ Wenn sie so weitersingt, wird sie ihre **Stimme** ruinieren.	▪ If she keeps on singing like that she's going to ruin her **voice.**
singen, singt, sang, hat gesungen *v-irr*	to sing
▪ Carla **singt** im Kirchenchor.	▪ Carla **sings** in the church choir.
spielen *v*	to play
▪ Seit Jahren **spielt** Christina Gitarre.	▪ Christina**'s been playing** the guitar for years.
leise *adj*	quiet
▪ Dies ist ein **leiser** Abschnitt der Melodie.	▪ This is a **quiet** part of the melody.
laut *adj*	loud
▪ Trompeten sind sehr **laut.**	▪ Trumpets are very **loud.**
hoch *adj*	high
▪ Ihre Stimme ist wirklich sehr **hoch.**	▪ Her voice is really very **high.**
tief *adj*	low; deep
▪ Das Stück endet auf einer **tiefen** Note.	▪ The piece ends on a **low** note.
▪ Johnny Cash hatte eine schöne **tiefe** Stimme.	▪ Johnny Cash had a beautiful **deep** voice.
das **Konzert,** Konzerte *n*	concert
▪ Die Beatles gaben 1969 ihr letztes **Konzert.**	▪ The Beatles gave their last **concert** in 1969.

die **Oper,** Opern *n* • Möchtest du gern mit mir in die Oper gehen?	opera • Would you like to go to the **opera** with me?
das **Instrument,** Instrumente *n* • Ich singe gern, aber ich spiele kein Instrument.	instrument • I like to sing but I don't play any instrument.
das **Klavier,** Klaviere *n*	piano
die **Geige,** Geigen *n*	violin
die **Gitarre,** Gitarren *n*	guitar
die **E-Gitarre,** E-Gitarren *n*	electric guitar
der **Bass,** Bässe *n*	bass
die **Trommel,** Trommeln *n*	drum
das **Schlagzeug,** Schlagzeuge *n*	drums
die **Flöte,** Flöten *n*	flute
die **Stereoanlage,** Stereoanlagen *n*	stereo
der **Lautsprecher,** Lautsprecher *n*	loudspeaker
die **CD,** CDs *n*	CD
der **CD-Spieler,** CD-Spieler *n*	CD player
der **MP3-Player,** MP3-Player *n*	MP3 player

Art

die **Kunst,** Künste *n*
- Muss man **Kunst** studieren, um Maler zu werden?

art
- Do you have to study **art** in order to become a painter?

das **Bild,** Bilder *n*
- Auf Seite 6 ist ein **Bild** des neuen Gouverneurs.
- Ein paar berühmte **Bilder** wurden aus dem Museum gestohlen.

picture; painting
- There's a **picture** of the new governor on page 6.
- A couple of famous **paintings** were stolen from the museum.

malen *v*
- Ich wünschte, ich könnte wie Rembrandt **malen**.

to paint
- I wish I could **paint** like Rembrandt.

zeichnen *v*
- Alexander kann innerhalb von zehn Minuten jedermanns Porträt **zeichnen**.

to draw
- Alexander can **draw** anybody's portrait in ten minutes.

das **Werk,** Werke *n*
- Dies ist die erste öffentliche Ausstellung seiner **Werke**.

work
- This is the first public exhibition of his **works**.

die **Galerie,** Galerien *n*
- Ich habe mir in einer **Galerie** eine Ausstellung angesehen.

gallery
- I went to a **gallery** to see an exhibition.

die **Ausstellung,** Ausstellungen *n*
- Viele Menschen sahen die **Ausstellung** mit Bildern von Rubens.

exhibition
- Many people saw the **exhibition** of paintings by Rubens.

zeigen *v*
- Jenny **hat** mir ihre neuesten Zeichnungen **gezeigt**.

to show
- Jenny **showed** me her most recent drawings.

antik *adj*
- Das Pergamonmuseum zeigt viele **antike** Kunstwerke.

ancient
- The Pergamon Museum has a lot of **ancient** works of art on display.

modern *adj*
- Der Expressionismus ist mir viel zu **modern**.

modern
- Expressionism is much too **modern** for me.

Theatre and Film

das **Theater,** Theater *n*
- In London solltest du dir ein Stück in einem der **Theater** ansehen.

theatre
- You must see a play at one of the **theatres** when you're in London.

das **Theaterstück,** Theaterstücke *n*
- Der Film wurde nach einem **Theaterstück** von Shaw geschrieben.

play
- The film was based on a **play** by Shaw.

die **Bühne,** Bühnen *n*
- Es gab Applaus, als die Stars die **Bühne** betraten.

stage
- There was applause when the stars came on the **stage**.

die **Aufführung,** Aufführungen *n*
- Der Schauspieler hat eine fantastische **Aufführung** gegeben.

performance
- The actor gave a fantastic **performance**.

inszenieren *v*
- Sie **hätten** „Tannhäuser" nicht auf Englisch **inszenieren** sollen.

to stage
- They shouldn't **have staged** "Tannhäuser" in English.

der **Film,** Filme *n*
- Sie spielt die Hauptrolle im neuen **Film** von Coppola.

film
- She's starring in the new **film** by Coppola.

das **Kino,** Kinos *n*
- Filme sind im **Kino** eindrucksvoller als auf Video.

cinema
- Films are more impressive at the **cinema** than on video.

die **Eintrittskarte,** Eintrittskarten *n*
- Es ist schwierig, **Eintrittskarten** für seine Stücke zu bekommen.

ticket
- It's difficult to get **tickets** for his plays.

die **DVD,** DVDs *n*
- Lass uns doch einen Film auf **DVD** ausleihen.

DVD
- Let's get a film out on **DVD**, shall we?

der **DVD-Player,** DVD-Player *n*
- Er hat keinen **DVD-Player.** Er schaut DVDs über seine Playstation.

DVD player
- He doesn't have a **DVD-player.** He watches DVDs on his playstation.

sich ansehen *v-sep-irr*
- Ich finde, wir sollten **uns** heute Abend diesen Film **ansehen**.

to see
- I think we should **see** that film tonight.

Leisure Time

Celebrations

das **Fest,** Feste *n*	**party**
die **Party,** Partys *n*	**party**
der **Geburtstag,** Geburtstage *n*	**birthday**
der **Jahrestag,** Jahrestage *n*	**anniversary**
feiern *v* ▪ Meine Mutter **feiert** ihren Geburtstag im Januar.	**to celebrate** ▪ My mother **celebrates** her birthday in January.
gratulieren *v* ▪ Tim **gratulierte** Peter zum Hochzeitstag.	**to congratulate** ▪ Tim **congratulated** Peter on his wedding anniversary.
Glückwunsch! *interj*	**Congratulations!**
Alles Gute! *interj*	**Good luck!**
Frohe Weihnachten! *interj*	**Merry Christmas!**

➡ Just as you can also say **Happy Christmas!** in English, in German you can also wish somebody **Fröhliche Weihnachten!**

Frohe Ostern! *interj*	**Happy Easter!**
das **Geschenk,** Geschenke *n*	**present**
schenken *v* ▪ Was **schenkst** du deinem Bruder zum Geburtstag?	**to give** ▪ What **are** you **giving** your brother for his birthday?
toll *adj* ▪ Das war eine **tolle** Party. Danke für die Einladung.	**great** ▪ It was a **great** party. Thanks for inviting me.
klasse *adj* ▪ Was für ein **klasse** Konzert!	**cool** ▪ What a **cool** concert!

Public Holidays

der **Neujahrstag,** Neujahrstage n	New Year's Day
der **Karneval,** Karnevale, Karnevals n	carnival
der **Fasching,** Faschinge, Faschings n	carnival
die **Fastnacht** CH, Fastnachten n	carnival
der **Karfreitag** n	Good Friday
Ostern n	Easter
der **Ostersonntag** n	Easter Sunday
der **Ostermontag** n	Easter Monday
Pfingsten n	Whitsun
Weihnachten, Weihnachten n	Christmas
der **Heiligabend** n	Christmas Eve
der **erste Weihnachtstag** n	Christmas Day
der **zweite Weihnachtstag** n	Boxing Day
Silvester n	New Year's Eve

Going Out and Recreation

ausgehen v-sep-irr
- Ich habe Sarah gebeten, mit mir Freitagabend **auszugehen.**

to go out
- I asked Sarah **to go out** with me on Friday night.

einen trinken gehen phrase
- Ich habe Durst. Lass uns **einen trinken gehen.**

to go for a drink
- I'm thirsty. Let's **go for a drink.**

die **Unterhaltung,** Unterhaltungen n
- Tom organisierte die **Unterhaltung** für die Party.

entertainment
- Tom organized the **entertainment** for the party.

das **Vergnügen,** Vergnügen n
- Sind Sie beruflich hier oder zu Ihrem **Vergnügen?**

pleasure
- Are you here for business or **pleasure?**

Viel Vergnügen! *interj*	**Enjoy yourself!**
Viel Spaß! *interj*	**Have fun!**
Spaß haben *phrase* • Wir **hatten** bei der Party gestern Abend viel **Spaß**.	**to have fun** • We **had** a lot of **fun** at the party last night.
genießen, genießt, genoss, genossen, hat genossen *v-irr* • Das Wetter war toll, wir **haben** unsere Ferien richtig **genossen**.	**to enjoy** • The weather was great, we really **enjoyed** our holidays.
sich amüsieren *v* • Das Wetter war toll, wir **haben uns** richtig **amüsiert**.	**to enjoy oneself** • The weather was great, we really **enjoyed ourselves**.
amüsant *adj* • Wir haben einen recht **amüsanten** Film im Fernsehen gesehen.	**amusing** • We watched quite an **amusing** film on TV.
tanzen *v* • Ian geht immer **tanzen**, wenn er schlechter Laune ist.	**to dance** • Ian always goes **dancing** when he's in a bad mood.
j-n zum Lachen bringen *phrase* • Tony ist mein bester Freund, er **bringt** mich ständig **zum Lachen**.	**to make sb. laugh** • Tony's my best friend, he always **makes** me **laugh**.
die **Tanzveranstaltung,** Tanzveranstaltungen *n*	**dance**
die **Disko,** Diskos *n*	**disco**
die **Abendgesellschaft,** Abendgesellschaften *n*	**dinner party**
die **Show,** Shows *n*	**show**

Sport

der **Sport** *n*	**sport**
▪ Baseball ist ein **Sport**, der in Europa nicht sehr bekannt ist.	▪ Baseball is a **sport** which is not very well known in Europe.
Sport treiben *phrase*	**to do sport**
▪ Michael **treibt** viel **Sport**, um fit zu bleiben.	▪ Michael **does** a lot of **sport** to keep fit.
trainieren *v*	**to train**
▪ Spitzensportler **trainieren** mehrere Stunden am Tag.	▪ Top athletes **train** for several hours a day.
laufen, läuft, lief, ist gelaufen *v-irr*	**to run**
▪ Wie schnell kann ein Weltklassesprinter **laufen**?	▪ How fast can a world-class sprinter **run**?
das **Rennen,** Rennen *n*	**race**
▪ Ich bin im ersten **Rennen** gestartet, habe aber nicht gewonnen.	▪ I competed in the first **race** but didn't win.
der **Wettkampf,** Wettkämpfe *n*	**competition**
▪ Jan hat einen **Wettkampf** gewonnen und 50 Euro bekommen.	▪ Jan won a **competition** and got EUR 50.
der **Teilnehmer,** die **Teilnehmerin,** Teilnehmer *n*	**competitor**
teilnehmen *v-sep-irr*	**to participate**
▪ Paul will am Lauf **teilnehmen**.	▪ Paul wants to **participate** in the run.
schnell *adv*	**fast**
▪ Die Rennwagen fuhren **schnell**.	▪ The racing cars were going **fast**.
langsam *adv*	**slowly**
▪ Er wird das Rennen nicht gewinnen. Er läuft zu **langsam**.	▪ He won't win the race. He's running too **slowly**.
die **Sporthalle,** Sporthallen *n*	**gym**
der **Spieler,** die **Spielerin,** Spieler *n*	**player**
der **Ball,** Bälle *n*	**ball**
werfen, wirft, warf, hat geworfen *v-irr*	**to throw**
▪ Der Torwart ist der einzige Spieler, der den Ball **werfen** darf.	▪ The goalkeeper is the only player allowed to **throw** the ball.

fangen, fängt, fing, hat gefangen *v-irr* ▪ Beim Volleyball ist es nicht gestattet, den Ball zu **fangen**.	**to catch** ▪ In volleyball you are not allowed to **catch** the ball.
Fußball *n* ▪ **Fußball** ist der beliebteste Sport in Europa und Südamerika.	**football** ▪ **Football** is the most popular sport in Europe and South America.
der **Wintersport** *n* ▪ Meine Großmutter schaute jede Art von **Wintersport** im Fernsehen.	**winter sports** ▪ My grandmother used to watch all sorts of **winter sports** on TV.
der **Ski,** Ski, Skier *n*	**ski**
Ski laufen *phrase* ▪ Wir gehen immer zu Ostern **Ski laufen**.	**to go skiing** ▪ We always **go skiing** at Easter.
Schlitten fahren *phrase* ▪ Ich muss in die Berge fahren, um **Schlitten** zu **fahren**.	**to go sledging** ▪ I have to drive into the mountains to **go sledging**.
schwimmen, schwimmt, schwamm, ist geschwommen *v-irr* ▪ Man braucht neun Stunden, um durch den Ärmelkanal zu **schwimmen**.	**to swim** ▪ It takes nine hours to **swim** across the English Channel.
das **Schwimmbad,** Schwimmbäder *n*	**swimming pool**
die **Wanderung,** Wanderungen *n* ▪ Lukas plant eine ausgedehnte **Wanderung** durch die südlichen Alpen.	**hike** ▪ Lukas is planning an extended **hike** through the Southern Alps.
bergsteigen gehen *phrase* ▪ Simon **geht bergsteigen**, wann immer er die Zeit dazu findet.	**to go climbing** ▪ Simon **goes climbing** whenever he finds the time.
reiten, reitet, ritt, hat/ist geritten *v-irr* ▪ Im Derby **reiten** die Jockeys drei Jahre alte Pferde.	**to ride** ▪ In the Derby, the jockeys **ride** three-year old horses.

das **Spiel,** Spiele *n*
- Ihr Quarterback wurde in der ersten Hälfte des **Spiels** verletzt.
- Wir haben uns das **Spiel** zwischen den beiden Mannschaften der Stadt angesehen.

game; match
- Their quarterback was injured during the first half of the **game**.
- We watched the **match** between the two local teams.

---

der **Gegner,** die **Gegnerin,** Gegner *n*

opponent

---

der **Start,** Starts *n*

start

---

das **Ziel,** Ziele *n*

finish

➡ The words **Start** and **Ziel** are used when talking about the **start** and **finish** of a race. When talking about other activities the words **Anfang** or **Beginn** are used for the **start** or **beginning** and **Ende** is used for the **end**.

---

der **Sieg,** Siege *n*
- Wir feierten den **Sieg** unserer Mannschaft mit einem Glas Sekt.

victory
- We celebrated our team's **victory** with a glass of champagne.

---

der **Sieger,** die **Siegerin,** Sieger *n*

winner

---

siegen *v*
- Sie **siegte** im Halbfinale, doch wurde im Finale nur Dritte.

to win
- She **won** in the semi-final but only came third in the final.

---

gewinnen, gewinnt, gewann, hat gewonnen *v-irr*
- Das Schwimmteam **hat** drei Goldmedaillen **gewonnen**.

to win

- The swimming team **won** three gold medals.

---

die **Niederlage,** Niederlagen *n*
- Das kanadische Team erlitt eine 5:4-**Niederlage** gegen Russland.

defeat
- The Canadian team suffered a 5–4 **defeat** against Russia.

---

der **Verlierer,** die **Verliererin,** Verlierer *n*

loser

---

verlieren, verliert, verlor, hat verloren *v-irr*
- Schottland **hat** 3:4 gegen Irland **verloren**.

to lose

- Scotland **lost** 3–4 to Ireland.

---

fair *adj*
- Ich finde, der Schiedsrichter war nicht allzu **fair**.

fair
- I don't think the referee was very **fair**.

berühmt *adj*
- Pelé ist wahrscheinlich der **berühmteste** Fußballer der Welt.

famous
- Pelé is probably the most **famous** football player in the world.

Hobbies

das **Hobby,** Hobbys *n*	hobby
das **Foto,** Fotos *n*	photo
der **Fotoapparat,** Fotoapparate *n*	camera
die **Digitalkamera,** Digitalkameras *n*	digital camera
der **Blitz,** Blitze *n*	flash
das **Spiel,** Spiele *n*	game
der **Würfel,** Würfel *n*	dice
die **Spielkarten** *n f pl*	playing cards

die Freizeit *n*
- Sam treibt in seiner **Freizeit** viel Sport.

free time
- Sam does a lot of sport in his **free time**.

fotografieren *v*
- Ich **habe** sie Hunderte Male **fotografiert**.

to take pictures
- I **took** hundreds of **pictures** of her.

spielen *v*
- Kinder **spielen** gern draußen.

to play
- Children like to **play** outdoors.

Glücksspiele spielen *phrase*
- Peter verbringt Stunden im Kasino und **spielt Glücksspiele**.

to gamble
- Peter spends hours **gambling** at the casino.

das Glück *n*
- Mit ein bisschen **Glück** wirst du den ersten Preis gewinnen.

luck
- With a little bit of **luck** you'll win first prize.

das Pech *n*
- Durch ein Tor in der letzten Minute zu verlieren war **Pech**.

bad luck
- Losing by a goal in the last minute was **bad luck**.

einen Spaziergang machen *phrase*
- Lasst uns nach dem Abendessen **einen Spaziergang machen**.

to go for a walk
- Let's **go for a walk** after dinner.

picknicken *v*
- Wir fingen an zu **picknicken**, als es zu regnen begann.

to have a picnic
- We were just starting **to have a picnic** when it began to rain.

angeln *v*
- Onkel Harry **angelt** gern.

to fish
- Uncle Harry loves to **fish**.

basteln *v*
- Monica **bastelt** viel und ist sehr talentiert.

to do handicrafts
- Monica **does** a lot of **handicrafts** and is very talented.

das **Spielzeug,** Spielzeuge *n*

toy

das **Werkzeug,** Werkzeuge *n*

tool

das **Taschenmesser,** Taschenmesser *n*

pocket knife

Shopping

Choosing and Paying

der **Kauf,** Käufe *n*
- Der **Kauf** eines neuen Computersystems wird uns Millionen kosten.

acquisition
- The **acquisition** of a new computer system will cost us millions.

kaufen *v*
- Angela **hat** dieses Fahrrad gebraucht **gekauft**.

to buy
- Angela **bought** this bike second-hand.

der **Verkauf,** Verkäufe *n*
- Der **Verkauf** von Alkohol an Minderjährige ist gesetzlich verboten.

sale
- The **sale** of alcohol to people under 18 is prohibited by law.

verkaufen *v*
- Mia **hat** ihren alten Wagen **verkauft** und sich einen neuen zugelegt.

to sell
- Mia **sold** her old car and got herself a new one.

das **Angebot,** Angebote *n*
- Sie haben mir ein **Angebot** gemacht, das ich nicht ablehnen konnte.

offer
- They made me an **offer** I couldn't refuse.

bieten, bietet, bot, hat geboten *v-irr*
- Das Hotel **bietet** eine Vielzahl an Aktivitäten und Sportarten.

to offer
- The hotel **offers** a wide range of sports and activities.

anbieten *v-sep-irr*
- Er **bot** mir 1.000 Euro **an** und ich nahm an.

to offer
- He **offered** me EUR 1,000 and I accepted.

geöffnet *adj*
- Dieser Laden ist ab 6 Uhr **geöffnet.**

open
- This shop is **open** from 6 am.

geschlossen *adj*
- Michael ist zum Supermarkt gegangen, doch er war **geschlossen.**

closed
- Michael went to the supermarket but it was **closed.**

bedienen *v*
- **Werden** Sie schon **bedient?**

to serve
- **Are** you being **served?**

einkaufen gehen *phrase*
- Lass uns **einkaufen gehen.** Ich fühle mich deprimiert.

to go shopping
- Let's **go shopping.** I feel depressed.

shoppen gehen *phrase*
- Ich liebe es, am Samstag **shoppen** zu **gehen.**

to go shopping
- I love to **go shopping** on Saturdays.

aussuchen *v-sep*
- Alice **suchte** ein Buch **aus** und brachte es zur Kasse.

to choose
- Alice **chose** a book and took it to the cash desk.

(aus)wählen *v-sep*
- Ich musste zwischen dieser Hose hier und dem Rock dort **auswählen.**

to choose
- I had to **choose** between these trousers and that skirt.

gefallen *v-irr*
- **Gefällt** dir mein neues Kleid? Ich habe es neulich gekauft.

to like
- Do you **like** my new dress? I bought it the other day.

Ich hätte gerne ... *phrase*
- **Ich hätte gerne** einen Haarschnitt.

I'd like ...
- **I'd like** a haircut, please.

➡ You can also say: **Ich möchte gerne einen Haarschnitt.**

Kann ich Ihnen helfen? *phrase*

Can I help you?

neu *adj*
- Hast du schon ihre **neueste** CD gekauft?
- Meine Taschenlampe braucht **neue** Batterien.

latest; new
- Have you bought their **latest** CD?
- My torch needs **new** batteries.

---

gebraucht *adv*
- Ich kann es **gebraucht** im Internet kaufen.

second-hand
- I can buy it **second-hand** on the Internet.

---

vollständig *adj*
- Er hat die **vollständige** Sammlung von DVDs gekauft.

complete
- He bought the **complete** set of DVDs.

---

ausverkauft sein *phrase*
- Es tut mir leid, aber das blaue T-Shirt **ist ausverkauft.**

to be sold out
- I'm afraid the blue T-shirt **is sold out.**

---

der **Preis**, Preise *n*
- Wird der **Preis** dieses Produkts nach Weihnachten steigen?

price
- Will the **price** of this product go up after Christmas?

---

kosten *v*
- Wie viel **kosten** diese Schuhe?

to cost
- How much do these shoes **cost**?

Was kostet ...? *phrase*

How much is ...?

---

ausgeben *v-sep-irr*
- Nina **gab** viel Geld im Buchladen **aus.**

to spend
- Nina **spent** a lot of money in the bookshop.

---

teuer *adj*
- Angela hat das Parfüm nicht gekauft, weil es so **teuer** war.

expensive
- Angela didn't buy the perfume because it was so **expensive**.

---

billig *adj*
- Dieses T-Shirt war **billig**, hatte aber keine gute Qualität.

cheap
- This T-shirt was **cheap**, but it's not of good quality.

---

günstig *adj*
- Ich habe den Wein gekauft, weil er **günstig** war.

cheap
- I bought the wine because it was **cheap**.

---

preiswert *adj*
- Ich suche nach einem **preiswerten** Flug nach Los Angeles.

reasonably priced
- I'm looking for a **reasonably priced** flight to Los Angeles.

umtauschen *v-sep* ▪ Kann ich diesen Pullover gegen einen größeren **umtauschen**?	**to exchange** ▪ Can I **exchange** this sweater for a larger one?
zufrieden *adj* ▪ Diese Firma hat viele **zufriedene** Kunden.	**satisfied** ▪ This company has a lot of **satisfied** customers.
unzufrieden *adj*	**dissatisfied**
j-m sein Geld zurückgeben *phrase* ▪ Ich werde sie bitten, **mir** mein **Geld** vollständig **zurückzugeben**.	**to refund one's money** ▪ I'm going to ask them to **refund** my **money** in full.
bei j-m kassieren *phrase* ▪ Darf ich **bei** Ihnen **kassieren**?	**to give sb. his/her bill** ▪ May I **give** you your **bill**?
passend *adj* ▪ Für diesen Automaten muss man **passendes** Kleingeld haben.	**exact** ▪ You have to have the **exact** change for this vending machine.
anstehen *v-sep-irr* ▪ Ich musste 20 Minuten **anstehen**, bevor ich mein Ticket bekam.	**to queue** ▪ I had to **queue** for 20 minutes before I got my ticket.
an der Reihe sein *phrase* ▪ Ich **war** beim Zahlen **an der Reihe**, aber ich hatte kein Geld dabei.	**to be one's turn** ▪ It **was my turn** to pay, but I didn't have any money on me.
der **Kunde,** die **Kundin,** Kunden *n*	**customer**
die **Einkaufstasche,** Einkaufstaschen *n*	**shopping bag**
die **Warteschlange,** Warteschlangen *n*	**queue**
die **Kasse,** Kassen *n*	**checkout; cash desk; till**
das **Wechselgeld,** Wechselgelder *n*	**change**
der **Kassenzettel,** Kassenzettel *n*	**receipt**
die **Quittung,** Quittungen *n*	**receipt**

Shops

das **Geschäft,** Geschäfte n	shop; store
der **Laden,** Läden n	shop
das **Warenhaus,** Warenhäuser n	store
das **Kaufhaus,** Kaufhäuser n	department store
der **Supermarkt,** Supermärkte n	supermarket
das **Einkaufszentrum,** Einkaufszentren n	shopping centre
das **Lebensmittelgeschäft,** Lebensmittelgeschäfte n	grocer's
der **Markt,** Märkte n	market
die **Bäckerei,** Bäckereien n	bakery
die **Metzgerei,** Metzgereien n	butcher's (shop)
der **Obst- und Gemüseladen,** Obst- und Gemüseläden n	greengrocer's
das **Schuhgeschäft,** Schuhgeschäfte n	shoe shop
die **Buchhandlung,** Buchhandlungen n	bookshop
das **Bekleidungsgeschäft,** Bekleidungsgeschäfte n	clothes shop
die **Boutique,** Boutiquen n	boutique
die **Drogerie,** Drogerien n	chemist's

Nutrition

Nutrition — General Terms

das **Lebensmittel,** Lebensmittel *n*
- Wir müssen mehr **Lebensmittel** produzieren.

food
- We must produce more **food**.

essen, isst, aß, hat gegessen *v-irr*
- Du wirst dick, wenn du so viel **isst**.

to eat
- You'll get fat if you **eat** so much.

trinken, trinkt, trank, hat getrunken *v-irr*
- Es ist gesund, zum Essen viel Wasser zu **trinken**.

to drink
- It's healthy to **drink** a lot of water with your meals.

der **Hunger** *n*
- Eines Tages wird es keinen **Hunger** mehr auf der Welt geben.

hunger
- One day there won't be any more **hunger** in the world.

hungrig *adj*
- Ich bin so **hungrig**. Was gibt's zu Mittag?

hungry
- I'm so **hungry**. What's for lunch?

der **Durst** *n*
- Ich hatte ganz schönen **Durst** nach dem Joggen.

thirst
- I had quite a **thirst** after jogging.

durstig *adj*
- Bei dieser Hitze zu arbeiten, macht mich **durstig**.

thirsty
- Working in this heat makes me **thirsty**.

der **Appetit,** Appetite *n*
- Wenn man vor den Mahlzeiten isst, verdirbt man sich den **Appetit**.

appetite
- Eating before meals will spoil your **appetite**.

Guten Appetit! *interj*

Enjoy your meal!

Prost! *interj*

Cheers!

schmecken *v*
- Dieser Eintopf sieht fürchterlich aus, aber er **schmeckt** toll.

to taste
- This stew looks terrible but it **tastes** great.

köstlich *adj*
- Die Hauptmahlzeit war **köstlich**, aber das Dessert war noch besser.

delicious
- The main course was **delicious** but the dessert was even better.

süß *adj*
- Dieser Wein ist zu **süß**. Haben Sie keinen trockenen?

sweet
- This wine is too **sweet**. Don't you have a dry one?

sauer *adj*
- Bewahre die Milch im Kühlschrank auf, sonst wird sie **sauer**.

sour
- Keep the milk in the fridge or it'll go **sour**.

salzig *adj*
- Diese Suppe ist viel zu **salzig**.

salty
- This soup is much too **salty**.

scharf *adj*
- Mein Kollege aus Thailand isst sein Essen gern extrem **scharf**.
- Ich mag **scharfes** Essen, doch in Indien war es zu scharf für mich.

hot; spicy
- My colleague from Thailand loves his food extremely **hot**.
- I like **spicy** food, but in India it was too hot for me.

frisch *adj*
- Könntest du **frisches** Gemüse vom Markt mitbringen?

fresh
- Could you get some **fresh** vegetables from the market?

roh *adj*
- Joe macht eine Diät. Er isst im Moment nur **rohes** Gemüse.

raw
- Joe is on a diet. He's only eating **raw** vegetables at the moment.

kochen *v*
- Ich **werde** heute Abend **kochen** und du kannst den Abwasch machen.
- Das Wasser **kocht**. Könntest du den Herd ausmachen?

to cook; to boil
- I'm going to **cook** tonight and you can do the dishes.
- The water is **boiling**. Could you turn off the cooker?

backen, backt/bäckt, backte, hat gebacken *v-irr*
- Meine Mutter **hat** unser Brot immer selbst **gebacken**.
- **Backe** das Fleisch im Ofen bei 200 Grad Celsius.

to bake; to roast
- My mother used to **bake** our bread herself.
- **Roast** the meat in the oven at 200 degrees centigrade.

warm machen *phrase*
- Wir müssen die Reste **warm machen**.

to warm up
- We'll have to **warm up** the leftovers.

schneiden, schneidet, schnitt, hat geschnitten *v-irr*
- Wir bestellten eine große Pizza und **schnitten** sie in vier Teile.

to cut
- We ordered a large pizza and **cut** it into four pieces.

die **Scheibe,** Scheiben *n*	slice
■ Marie bestrich eine **Scheibe** Toast mit Butter und Konfitüre.	■ Marie spread butter and jam on a **slice** of toast.
die **Flasche,** Flaschen *n*	bottle
■ Wir bestellten eine **Flasche** Wein zum Essen.	■ We ordered a **bottle** of wine with our meal.
Tiefkühl- *n*	frozen
■ Warum, glaubst du, essen die Menschen immer mehr **Tiefkühl**kost?	■ Why do you think people are eating more and more **frozen** food?
vegetarisch *adj*	vegetarian
■ Ich habe ein **vegetarisches** Kochbuch zum Geburtstag bekommen.	■ I got a **vegetarian** cookbook for my birthday.
vegan *adj*	vegan
■ Sie macht eine streng **vegane** Diät.	■ She's been on a strict **vegan** diet.

Bread, Pastries and Cereals

das **Brot,** Brote *n*	bread
das **Brötchen,** die **Semmel** *A* Brötchen, Semmeln *n*	roll
die **Breze,** Brezen *n*	pretzel
der **Toast,** Toaste, Toasts *n*	toast
die **Nudeln** *n f pl*	noodles; pasta
der **Reis** *n*	rice
der **Kuchen,** Kuchen *n*	cake
die **Torte,** Torten *n*	gateau
der **Keks,** Kekse *n*	biscuit
➡ In Austria **das Keks** is also common.	
der **Muffin,** Muffins *n*	muffin

Fruit and Vegetables

das **Gemüse**, Gemüse *n*	vegetable
der **Salat**, Salate *n*	salad

➡ **Salat** can refer to **Kopfsalat** lettuce as well as the prepared dish, e.g. **Kartoffelsalat** potato salad, **gemischter Salat** mixed salad or **Tomatensalat** tomato salad.

die **Kartoffel**, der **Erdapfel** *A* Kartoffeln, Erdäpfel *n*	potato
die **Tomate**, der **Paradeiser** *A* Tomaten, Paradeiser *n*	tomato
die **Mohrrübe**, Mohrrüben *n*	carrot

➡ Other common translations are **Karotte** or **Möhre**. In Switzerland, **das Rüebli** is also used.

die **Gurke**, Gurken *n*	cucumber
die **Paprika**, Paprika, Paprikas *n*	bell pepper
die **Paprika**, die **Peperoni** *CH* Paprikas, Peperoni *n*	sweet pepper
das **Sauerkraut** *n*	sauerkraut
die **Zwiebel**, Zwiebeln *n*	onion
das **Obst** *n*	fruit
die **Frucht**, Früchte *n*	fruit
der **Apfel**, Äpfel *n*	apple
die **Birne**, Birnen *n*	pear
die **Kirsche**, Kirschen *n*	cherry
die **Erdbeere**, Erdbeeren *n*	strawberry
die **Aprikose**, die **Marille** *A* Aprikosen, Marillen *n*	apricot
der **Pfirsich**, Pfirsiche *n*	peach
die **Orange**, Orangen *n*	orange
die **Zitrone**, Zitronen *n*	lemon

Meat, Fish and Dairy Products

das **Fleisch** n	meat
das **Schweinefleisch** n	pork
das **Rindfleisch** n	beef
das **Kalbfleisch** n	veal
das **Hühnchen,** Hühnchen n	chicken
das **Steak,** Steaks n	steak
das **Würstchen,** Würstchen n	sausage
der **Schinken,** Schinken n	ham
die **Salami,** Salami, Salamis n	salami
der **Speck** n	bacon
der **Fisch,** Fische n	fish
der **Thunfisch,** der **Thon** CH Thunfische, Thons, Thone n	tuna
der **Lachs,** Lachse n	salmon
der **Kabeljau,** Kabeljaue, Kabeljaus n	cod
die **Garnele,** Garnelen n	prawn
die **Milch** n	milk
die **Butter** n	butter
➡ In Austria and Southern Germany **der Butter** is typical.	
die **Sahne,** das **Obers** A n	cream
der **Käse,** Käse n	cheese

Spices, Herbs and Other Ingredients

das **Salz,** Salze *n*	salt
der **Pfeffer,** Pfeffer *n*	pepper
der **Essig,** Essige *n*	vinegar
das **Öl,** Öle *n*	oil
das **Ei,** Eier *n*	egg
der **Senf,** Senfe *n*	mustard
der **Ketchup,** Ketchups *n*	ketchup

Sweets, Snacks and Tobacco

die **Süßigkeiten** *n f pl*	sweets
das **Bonbon,** Bonbons *n*	sweet
die **Schokolade,** Schokoladen *n*	chocolate
das **Eis** *n*	ice cream
der **Zucker,** Zucker *n*	sugar
der **Honig,** Honige *n*	honey
die **Marmelade,** Marmeladen *n*	marmalade
die **Kartoffelchips** *n m pl*	crisps
die **Zigarette,** Zigaretten *n*	cigarette

Beverages

das **Getränk,** Getränke *n*	drink
der **Kaffee,** Kaffees *n*	coffee
der **Espresso,** Espressos *n*	espresso
der **Cappuccino,** Cappuccino, Cappuccinos *n*	cappuccino
der **Tee,** Tees *n*	tea
das **Mineralwasser,** Mineralwasser *n*	mineral water
der **Sprudel** *n*	sparkling water
der **Saft,** Säfte *n*	juice
die **Zitronenlimonade,** Zitronenlimonaden *n*	lemonade
die **Orangenlimonade,** Orangenlimonaden *n*	orangeade
die **(Coca-)Cola®** *n*	Coke®
der **Alkohol,** Alkohole *n*	alcohol
der **Wein,** Weine *n*	wine
das **Bier,** Biere *n*	beer
der **Rotwein,** Rotweine *n*	red wine
der **Weißwein,** Weißweine *n*	white wine
der **Rosé,** Rosés *n*	rosé
der **Sekt,** Sekte *n*	sparkling wine
der **Apfelwein,** Apfelweine *n*	cider
der **Drink,** Drinks *n*	drink
der **Eiswürfel,** Eiswürfel *n*	ice cube

Restaurants and Cafes

Restaurants

das **Restaurant,** Restaurants *n*	restaurant
die **Gaststätte,** Gaststätten *n*	restaurant
das **Gasthaus,** Gasthäuser *n*	restaurant
das **Café,** Cafés *n*	café
die **Pizzeria,** Pizzerias, Pizzerien *n*	pizzeria
die **Konditorei,** Konditoreien *n*	cake shop
die **Kneipe,** Kneipen *n*	pub

➡ People in German-speaking countries often meet up in a **Bar** or a **Kneipe**, which are equivalent to an English **pub**. Other options are to meet in a **Wirtshaus** or a **Schenke**, which are pubs offering accommodation, a bit like an English **inn**. Another expression **Lokal** is very neutral and may refer to both types.

Dishes and Snacks

das **Gericht** *n*	dish
die **Spezialität,** Spezialitäten *n*	speciality
die **Suppe,** Suppen *n*	soup
der **Braten,** Braten *n*	roast
das **Schnitzel,** Schnitzel *n*	schnitzel
die **Brotzeit,** Brotzeiten *n*	cold platter
der **Imbiss,** Imbisse *n*	snack
die **Pizza,** Pizzas, Pizzen *n*	pizza
das **Sandwich,** Sandwichs, Sandwiches *n*	sandwich
der **Hamburger,** Hamburger *n*	hamburger
die **Pommes frites** *n f pl*	chips

Serving, Ordering and Paying

das **Menü,** Menüs *n*
- Auf der Speisekarte standen nur drei **Menüs.**

set meal
- There were only three **set meals** on the menu.

die **Speisekarte,** Speisekarten *n*

menu

der **Gang,** Gänge *n*

course

das **Frühstück,** Frühstücke *n*

breakfast

frühstücken *v*
- Wir **frühstückten** um sieben und fuhren dann zum Flughafen.

to have breakfast
- We **had breakfast** at seven and then left for the airport.

das **Mittagessen,** Mittagessen *n*

lunch

zu Mittag essen *phrase*
- Wir **aßen** heute in der Cafeteria schnell **zu Mittag.**

to have lunch
- We just **had** a quick **lunch** in the cafeteria today.

das **Abendessen,** Abendessen *n*

supper; dinner

zu Abend essen *phrase*
- Wir **aßen** um 18 Uhr **zu Abend,** weil die Oper um 19 Uhr anfing.

to have dinner
- We **had dinner** at 6 pm because the opera started at 7 pm.

die **Vorspeise,** Vorspeisen *n*

starter

die **Hauptspeise,** Hauptspeisen *n*

main course

das **Hauptgericht,** Hauptgerichte *n*

main dish

die **Nachspeise,** Nachspeisen *n*

dessert

der **Nachtisch,** Nachtische *n*

dessert

herüberreichen *v-sep*
- Könnten Sie mir bitte die Butter **herüberreichen?**

to pass
- Could you **pass** the butter, please?

sich etw. nehmen *phrase*
- Bitte **nehmen** Sie **sich** Kaffee und Kuchen.

to help oneself to sth.
- Please **help yourself to** coffee and cake.

den Tisch decken *phrase*
- Mama hat gekocht und ich habe **den Tisch gedeckt.**

to set the table
- Mum made dinner and I **set the table.**

den Tisch abräumen *phrase*
- Jemand muss **den Tisch abräumen**, bevor wir Karten spielen können.

to clear the table
- Somebody has to **clear the table** before we can play cards.

voll *adj*
- Kein Nachtisch für mich, bitte. Ich bin ziemlich **voll**.

full
- No dessert for me, please. I'm quite **full**.

leer *adj*
- Immer wenn mein Glas halb **leer** war, füllte es die Bedienung auf.

empty
- Whenever my glass was half **empty**, the waitress filled it up.

die Reservierung, Reservierungen *n*
- Braucht man für dieses Restaurant eine **Reservierung**?

reservation
- Do I need a **reservation** for this restaurant?

reservieren *v*
- Ich möchte einen Tisch für 20 Uhr **reservieren**.
- Ich möchte in Ihrem Restaurant einen Tisch **reservieren**.

to reserve; to book
- I'd like to **reserve** a table for 8 o'clock.
- I'd like to **book** a table at your restaurant.

die Rechnung, Rechnungen *n*
- Könnten Sie die **Rechnung** prüfen? Ich glaube, da ist ein Fehler.
- Kann ich die **Rechnung** mit Kreditkarte zahlen?

bill
- Could you check the **bill**? I think there's a mistake.
- Can I pay the **check** by credit card?

bezahlen *v*
- Ich möchte eine Tasse Kaffee und ein Stück Kuchen **bezahlen**.

to pay for
- I would like to **pay for** a cup of coffee and a piece of cake.

zahlen *v*
- Man **zahlt** für eine Tasse und kann so viel trinken, wie man möchte.

to pay for
- You **pay for** one cup and you can drink as much as you like.

das Trinkgeld, Trinkgelder *n*
- Ein **Trinkgeld** von 15 Prozent wird für die Bedienung erwartet.

tip
- A 15 per cent **tip** is expected for service.

inbegriffen *adj*
- In Deutschland ist die Bedienung meist **inbegriffen**.

included
- In Germany service is usually **included**.

Accommodation

Houses and Apartments

wohnen *v*
- Mit 28 **wohnt** er immer noch bei seinen Eltern.
- Ben **wohnte** in einem kleinen Hotel außerhalb von San Diego.

to live; to stay
- At 28 he's still **living** with his parents.
- Ben **stayed** in a small hotel outside of San Diego.

nach Hause *adv*
- Ich muss um acht **nach Hause**, bevor es dunkel wird.

home
- I have to go **home** at eight before it gets dark.

zu Hause *adv*
- Die meisten deutschen Familien feiern Weihnachten **zu Hause**.

at home
- Most German families celebrate Christmas **at home**.

bauen *v*
- Das Haus **wurde** in zehn Monaten **gebaut**.

to build
- The house **was built** in ten months.

das **Eigentum** *n*
- Nein, dieser Garten gehört nicht zu meinem **Eigentum**.

property
- No, this garden does not belong to my **property**.

das **Grundstück,** Grundstücke *n*
- Sie haben das **Grundstück** für drei Millionen Euro verkauft.

property
- They sold the **property** for EUR three million.

die **Miete,** Mieten *n*
- Jonas muss ausziehen. Er kann die **Miete** nicht mehr zahlen.

rent
- Jonas has to move out. He can't pay the **rent** anymore.

mieten *v*
- Lasst uns nach Malta fliegen und für eine Woche ein Auto **mieten**.

to hire
- Let's fly to Malta and **hire** a car for a week.

vermieten *v*
- Carla **vermietete** einige Zimmer ihres Hauses.

to let
- Carla **let** some of the rooms of her house.

(um)ziehen *v-sep-irr*	**to move**
▪ Die Schmidts **sind** nach München **gezogen**.	▪ The Schmidts **have moved** to Munich.

➡ Words with similar meaning are **einziehen, to move in** and **ausziehen, to move out**.

das **Haus**, Häuser *n*	home; house

➡ Words for different types of house include **Reihenhaus terraced house, Hochhaus high rise** (or **Wolkenkratzer skyscraper**) and **Einfamilienhaus single-family house**.

die **Wohnung**, Wohnungen *n*	flat
das **Apartment**, Apartments *n*	flat
das **Gebäude**, Gebäude *n*	building
der **Wohnblock**, Wohnblocks *n*	block
das **Stockwerk**, Stockwerke *n*	floor
die **Etage**, Etagen *n*	floor
das **Erdgeschoss**, Erdgeschosse *n*	ground floor
das **Parterre** *n*	ground floor
der **erste Stock** *n*	first floor
das **Dach**, Dächer *n*	roof
die **Baustelle**, Baustellen *n*	building site; construction site

Rooms and Living Areas

öffnen *v*	**to open**
▪ Man braucht keinen Schlüssel, um die Kellertür zu **öffnen**.	▪ You don't need a key to **open** the cellar door.
schließen, schließt, schloss, hat geschlossen *v-irr*	**to shut; to close**
▪ **Schließ** die Fenster! Es regnet gleich.	▪ **Shut** the windows! It's going to rain.
▪ **Schließ** die Tür, damit die Katze nicht rauskann!	▪ **Close** the door so the cat can't get out!
aufräumen *v-sep*	**to tidy up**
▪ Es ist mal wieder an der Zeit, dass du dein Zimmer **aufräumst**.	▪ It's about time you **tidied up** your room again.

innen *adv*
- Ich habe das Haus noch nie von **innen** gesehen.

inside
- I've never seen the building from the **inside**.

drinnen *adv*
- Wir bleiben lieber **drinnen**, wenn es so kalt ist.

inside
- We'd rather stay **inside** when it is so cold.

draußen *adv*
- Die Kinder sind **draußen** und spielen mit dem Hund im Garten.

outside
- The kids are **outside** playing with the dog in the garden.

das **Zimmer,** Zimmer *n*	room
die **Küche,** Küchen *n*	kitchen
das **Wohnzimmer,** Wohnzimmer *n*	living room
das **Esszimmer,** Esszimmer *n*	dining room
das **Schlafzimmer,** Schlafzimmer *n*	bedroom
das **Bad,** Bäder *n*	bathroom
die **Toilette,** Toiletten *n*	toilet
der **Keller,** Keller *n*	cellar
das **Fenster,** Fenster *n*	window
der **Fußboden,** Fußböden *n*	floor
die **Treppe,** Treppen *n*	stairs
der **Aufzug,** Aufzüge *n*	lift

➡ Other German words for **lift** are **der Fahrstuhl** and **der Lift**.

die **Wand,** Wände *n*	wall
die **Decke,** Decken *n*	ceiling

➡ Alternatively, **die Zimmerdecke** may also be used when referring to the **ceiling**. A second meaning for the word **Decke** is blanket.

der **Eingang,** Eingänge *n*	entrance
der **Ausgang,** Ausgänge *n*	exit
die **Tür,** Türen *n*	door
das **Tor,** Tore *n*	gate
der **Garten,** Gärten *n*	garden

die **Terrasse,** Terrassen *n*	terrace
der **Balkon,** Balkons, Balkone *n*	balcony
die **Garage,** Garagen *n*	garage

Facilities

Furnishings

das **Möbel,** Möbel *n*	furniture
das **Möbelstück,** Möbelstücke *n*	piece of furniture
möbliert *adj* ▪ Es ist vielleicht ratsam, nach einer **möblierten** Wohnung zu suchen.	furnished ▪ It might be advisable to look for a **furnished** flat.
sitzen, sitzt, saß, hat gesessen *v-irr* ▪ Verzeihung, **sitzt** hier schon jemand?	to sit ▪ Excuse me, **is** anyone **sitting** here?
sich hinsetzen *v-sep* ▪ Haben Sie etwas dagegen, wenn ich **mich** hier **hinsetze**?	to sit ▪ Do you mind if I **sit** here?
Platz nehmen *phrase* ▪ Bitte **nehmen** Sie **Platz**, ich möchte anfangen.	to have a seat ▪ Please **have a seat**, I'd like to begin.
bequem *adj* ▪ Dieser Stuhl ist nicht sehr **bequem**.	comfortable ▪ This chair is not very **comfortable**.
einschalten *v-sep* ▪ Der Anrufbeantworter **ist eingeschaltet**.	to turn on ▪ The answerphone **is turned on**.
ausschalten *v-sep* ▪ Ich **habe** den Fernseher **ausgeschaltet** und bin eingeschlafen.	to turn off ▪ I **turned off** the TV and fell asleep.
heizen *v* ▪ Die meisten Leute **heizen** ihr Haus mit Gas.	to heat ▪ Most people use gas to **heat** their homes.

der **Tisch,** Tische n	table
der **Stuhl,** Stühle n	chair
der **Sessel,** Sessel n	armchair
die **Couch,** Couchs, Couchen n	couch
das **Sofa,** Sofas n	sofa
der **Schrank,** Schränke n	cupboard
der **Kleiderschrank,** Kleiderschränke n	wardrobe
das **Regal,** Regale n	shelf
das **Bett,** Betten n	bed
das **Kissen,** Kissen n	pillow
die **Decke,** Decken n	blanket
die **Lampe,** Lampen n	lamp
das **Licht,** Lichter n	light
der **Teppich,** Teppiche n	carpet
die **Dusche,** Duschen n	shower
die **Badewanne,** Badewannen n	bath
der **Wasserhahn,** Wasserhähne n	tap
die **Heizung,** Heizungen n	heating

Housekeeping

der **Haushalt,** Haushalte *n*
- Viele **Haushalte** in England sind Ein-Personen-Haushalte.

household
- Many **households** in England are one-person households.

den Haushalt machen *phrase*
- Becky arbeitet ganztags und **macht den Haushalt.**

to run the household
- Becky works full-time and **runs the household.**

abschließen *v-sep-irr*
- Macht die Fenster zu und **schließt** die Türen **ab,** bevor ihr geht.

to lock
- Close the windows and **lock** the doors before you leave.

klingeln *v*
- Keines von den Kindern traute sich zu **klingeln.**

to ring the bell
- None of the children dared to **ring the bell.**

waschen, wäscht, wusch, hat gewaschen *v-irr*
- Muss ich diesen Wollpullover mit der Hand **waschen?**

to wash
- Do I have to **wash** this wool jumper by hand?

abwaschen *v-sep-irr*
- Ich möchte noch **abwaschen,** bevor wir ausgehen.

to do the dishes
- I'd like to **do the dishes** before we go out.

putzen *v*
- Deine Fenster sind schmutzig. Du musst sie öfter **putzen.**

to clean
- Your windows are dirty. You've got to **clean** them more often.

sauber *adj*
- Die Küche war ein Durcheinander, aber jetzt ist sie wieder **sauber.**
- Die Fenster waren schmutzig. Jetzt sind sie wieder **sauber.**

tidy; clean
- The kitchen was a mess, but now it's **tidy** again.
- The windows were dirty. Now they're **clean** again.

schmutzig *adj*
- Meine Hände sind **schmutzig.** Ich muss sie waschen.

dirty
- My hands are **dirty.** I've got to wash them.

trocknen *v*
- Häng bitte deinen Regenmantel ins Bad, damit er **trocknet.**

to dry
- Please hang up your raincoat in the bathroom to **dry.**

das **Schloss,** Schlösser *n*

lock

der **Schlüssel,** Schlüssel *n*

key

der **Kühlschrank**, Kühlschränke n	fridge
die **Kaffeemaschine**, Kaffeemaschinen n	coffee machine; coffee maker
der **Herd**, Herde n	cooker
die **Spülmaschine**, Spülmaschinen n	dish washer
der **Topf**, Töpfe n	pot
die **Schüssel**, Schüsseln n	dish
das **Geschirr**, Geschirre n	dishes
der **Teller**, Teller n	plate
die **Tasse**, Tassen n	cup
die **Untertasse**, Untertassen n	saucer
das **Glas**, Gläser n	glass
die **Gabel**, Gabeln n	fork
das **Messer**, Messer n	knife
der **Löffel**, Löffel n	spoon
der **Teelöffel**, Teelöffel n	teaspoon
das **Feuerzeug**, Feuerzeuge n	lighter
die **Waschmaschine**, Waschmaschinen n	washing machine
der **Spiegel**, Spiegel n	mirror
das **Handtuch**, Handtücher n	towel
der **Föhn**, Föhne n	hairdryer
der **Wecker**, Wecker n	alarm clock
die **Klimaanlage**, Klimaanlagen n	air conditioning
die **Kiste**, Kisten n	box

➡ In German **Kiste** refers to a **large box** or crate. A **small box** is called a **Schachtel**.

der **Mülleimer**, Mülleimer n	rubbish bin

Tourism and Travel

Travel

der **Urlaub,** Urlaube *n*
- Im August haben viele Leute **Urlaub.**

holiday
- In August many people are on **holiday.**

die **Ferien** *n pl*
- In den **Ferien** fahren wir immer nach Spanien.

holidays
- We always go to Spain during the **holidays.**

die **Reise,** Reisen *n*
- Es ist eine dreitägige **Reise** mit der Bahn zur Westküste.
- Ich möchte eine **Reise** um die ganze Welt machen.

journey; trip
- It's a three-day **journey** by train to the west coast.
- I'd like to take a **trip** round the whole world.

reisen *v*
- Viele Menschen **reisen** gern in exotische Länder.

to travel
- Many people like **travelling** to exotic countries.

abreisen *v-sep*
- Ich muss leider am Samstagmorgen **abreisen.**

to leave
- I'm afraid I'll have to **leave** on Saturday morning.

abfahren *v-sep-irr*
- Der Zug **fährt** von Gleis drei **ab.**

to depart
- The train **departs** from platform three.

hinkommen *v-sep-irr*
- Wie **kommen** wir dort **hin** – mit dem Zug?

to get there
- How do we **get there** – by train?

die **Rückkehr** *n*
- Eine große Menschenmenge beobachtete die **Rückkehr** der Raumfähre.

return
- A large crowd watched the **return** of the Space Shuttle.

zurückkehren *v-sep*
- Karl ist am 15. abgereist und **wird** am 20. **zurückkehren.**

to return
- Karl left on the 15th and **will return** on the 20th.

zurückkommen *v-sep-irr*
- Um wie viel Uhr, denkst du, **werden** wir **zurückkommen**?

to get back
- What time **will** we **be getting back**, do you think?

das **Reisebüro**, Reisebüros *n*
- Benjamin hat alle seine Flüge über sein **Reisebüro** gebucht.

travel agency
- Benjamin booked all his flights at his **travel agency**.

der **Tourismus** *n*
- Das Einkommen vieler Menschen hier ist vom **Tourismus** abhängig.

tourism
- Many people here depend on **tourism** for their income.

der **Tourist,** die **Touristin,** Touristen *n*
- Im Sommer besuchen viele **Touristen** die Hauptstadt.

tourist
- In summer many **tourists** visit the capital.

touristisch *adj*
- Ich mag diese Gegend im Sommer nicht. Sie ist so **touristisch**.

touristy
- I don't like this area in the summer. It's so **touristy**.

buchen *v*
- Maria **hat** einen Flug nach Rom **gebucht**.

to book
- Maria **booked** a flight to Rome.

absagen *v-sep*
- Joe musste seine Reise nach Südafrika **absagen**.

to cancel
- Joe had to **cancel** his trip to South Africa.

packen *v*
- Nicolas fährt morgen, **hat** aber noch nicht **gepackt**.

to pack
- Nicolas is leaving tomorrow but he **hasn't packed** yet.

das **Gepäck** *n*

luggage

der **Koffer,** Koffer *n*

(suit)case

die **Papiere** *n n pl*

documents

der **Ausweis,** Ausweise *n*

identification

der **Personalausweis,** Personalausweise *n*

identity card

der **Pass,** Pässe *n*

passport

gültig *adj*
- Ihr Pass ist nicht mehr **gültig**. Er ist letzte Woche abgelaufen.

valid
- Your passport is no longer **valid**. It expired last week.

ungültig *adj*

invalid

Staying Overnight

die **Übernachtung,** Übernachtungen *n*	night
übernachten *v*	to spend the night
das **Hotel,** Hotels *n*	hotel
die **Unterkunft,** Unterkünfte *n*	accommodation
die **Pension,** Pensionen *n*	guest house; bed and breakfast
das **Motel,** Motels *n*	motel
die **Jugendherberge,** Jugendherbergen *n*	youth hostel
die **Rezeption,** Rezeptionen *n*	reception
das **Einzelzimmer,** Einzelzimmer *n*	single room
das **Doppelzimmer,** Doppelzimmer *n*	double room
einchecken *v-sep*	to check in
auschecken *v-sep*	to check out
das **Camping** *n*	camping
der **Campingplatz,** Campingplätze *n*	campsite
zelten gehen *phrase*	to go camping
das **Zelt,** Zelte *n*	tent
der **Schlafsack,** Schlafsäcke *n*	sleeping bag

Places of Interest

die **Sehenswürdigkeit,**
Sehenswürdigkeiten *n*
- Ich habe eine Liste mit den wichtigsten **Sehenswürdigkeiten**.

sight
- I have a list of the most important **sights**.

die **Besichtigung, Besichtigungen** *n*
- Die **Besichtigung** beginnt um 10 Uhr.

sightseeing tour
- The **sightseeing tour** begins at 10 am.

besichtigen *v*
- Wir **haben** viele Schlösser in dieser Gegend **besichtigt**.

to visit
- We've **visited** many castles in the region.

der **Ausflug, Ausflüge** *n*
- Was hältst du von einem **Ausflug** ans Meer?

trip
- What do you think about taking a **trip** to the seaside?

die **Führung, Führungen** *n*
- Eine **Führung** ist im Eintrittsgeld inbegriffen.

guided tour
- A **guided tour** is included in the admission.

führen *v*
- Sie **führte** uns auch durch die Privatgemächer des Prinzen.

to lead
- She also **led** us through the prince's private chambers.

der **Eintritt, Eintritte** *n*
- Der **Eintritt** für dieses Museum kostet 9,50 Euro.

admission
- **Admission** to this museum costs EUR 9.50.

die **Kirche, Kirchen** *n*
- Diese **Kirche** ist das schönste Gebäude, das ich je gesehen habe.

church
- This **church** is the most beautiful building I've ever seen.

der **Dom, Dome** *n*
- Auf unserer Fahrt rheinabwärts besuchten wir auch den Kölner **Dom**.

cathedral
- On our trip down the Rhine we also visited Cologne **Cathedral**.

die **Synagoge, Synagogen** *n*
- Es dauerte fast fünf Jahre, die **Synagoge** wieder aufzubauen.

synagogue
- It took almost five years to rebuild the **synagogue**.

die **Moschee, Moscheen** *n*
- Die Hagia Sophia ist keine **Moschee** mehr, sie ist ein Museum.

mosque
- Hagia Sophia is not a **mosque** anymore, it's a museum.

das **Museum,** Museen *n*
- Einige der interessantesten **Museen** sind in Berlin.

museum
- Some of the most interesting **museums** are in Berlin.

der **Saal,** Säle *n*
- Der König gab früher Bankette im Großen **Saal** der Burg.

hall
- The king used to give banquets in the Great **Hall** of the castle.

der **Turm,** Türme *n*
- Dieser **Turm** war früher das höchste Gebäude unseres Landes.

tower
- This **tower** used to be the tallest building in our country.

das **Schloss,** Schlösser *n*
- Das **Schloss** in Heidelberg ist absolut sehenswert.

castle
- The **castle** in Heidelberg is definitely worth seeing.

der **Palast,** Paläste *n*
- Man sagte uns, dass der **Palast** mehr als 250 Zimmer hatte.

palace
- They told us the **palace** had more than 250 rooms.

Location Information

der **Ort,** Orte *n*
- Ich kenne diesen **Ort.** Ich war hier schon mal.

place
- I know this **place.** I've been here before.

das **Dorf,** Dörfer *n*
- Ich wurde in einem kleinen **Dorf** geboren.

village
- I was born in a small **village.**

die **Stadt,** Städte *n*
- Michael würde gern in eine kleine **Stadt** ziehen.
- In der **Stadt** haben es die Menschen immer eilig.

town; city
- Michael would like to move to a small **town.**
- People in the **city** are always in a hurry.

die **Stadtmitte,** Stadtmitten *n*
- Fährt dieser Bus in die **Stadtmitte?**

city centre
- Is this bus going to the **city centre?**

das **Stadtzentrum,** Stadtzentren *n*
- Das **Stadtzentrum** ist nachts ziemlich tot.

- **Downtown** is pretty dead at night.

der **Vorort,** Vororte *n*
- Viele Menschen wohnen in den **Vororten** großer Städte, arbeiten aber im Zentrum.

suburb
- Many people live in the **suburbs** of large cities, but work in the city centre.

das **Viertel,** Viertel *n*
- Die Wohnungen in diesem **Viertel** sind sehr teuer.

quarter
- Accommodation in this **quarter** is very expensive.

der **Stadtteil,** Stadtteile *n*
- In welchem **Stadtteil** wohnst du?

part of town
- Which **part of town** do you live in?

die **Kreuzung,** Kreuzungen *n*

crossroad

der **Platz,** Plätze *n*

square

die **Straße,** Straßen *n*

street; road

die **Landstraße,** Landstraßen *n*

road

die **Autobahn,** Autobahnen *n*

motorway

der **Parkplatz,** Parkplätze *n*

parking space; car park

das **Parkhaus,** Parkhäuser *n*

multi-storey car park

der **Gehweg,** Gehwege *n*

pavement

die **Brücke,** Brücken *n*

bridge

der **Park,** Parks *n*

park

der **Friedhof,** Friedhöfe *n*

cemetery

der **Stadtplan,** Stadtpläne *n*

map

die **Landkarte,** Landkarten *n*

map

Public Transport

Local Public Transport

der **Fahrgast,** Fahrgäste *n*	passenger
die **U-Bahn,** U-Bahnen *n*	underground
die **S-Bahn®,** S-Bahnen *n*	suburban train
die **Straßenbahn,** Straßenbahnen *n*	tram
der **Bus,** Busse *n*	bus
die **Linie,** Linien *n*	line
die **Haltestelle,** Haltestellen *n*	(bus) stop
die **Fahrkarte,** das **Billett** *CH* Fahrkarten, Billetts *n*	ticket
umsteigen *v-sep-irr* ▪ Sie müssen an der nächsten Haltestelle **umsteigen.**	**to change trains** ▪ You have to **change trains** at the next station.
die **Verspätung,** Verspätungen *n* ▪ Auf dem Flughafen gab es viele **Verspätungen** wegen Nebels.	delay ▪ There were lots of **delays** at the airport due to fog.
warten auf *phrase* ▪ Wie lange **warten** Sie schon **auf** den Bus?	**to wait for** ▪ How long **have** you **been waiting** **for** the bus?
das **öffentliche Verkehrsmittel,** öffentlichen Verkehrsmittel *n* ▪ Sie wohnen in einer Gegend ohne **öffentliche Verkehrsmittel.**	(means of) public transport ▪ They live in an area without any **means of public transport.**

Railway Transportation

der **Bahnhof,** Bahnhöfe *n*	station; railway station

➡ **Bahnhof** is mostly shortened to **Bhf** and **Hauptbahnhof** main station to **Hbf**.

der **Zug,** Züge *n*	train

die **Eisenbahn,** Eisenbahnen *n*	railway

➡ Another word for **Eisenbahn** in German is **die Bahn**, plural **die Bahnen**. Examples are **Deutsche Bahn**, **Österreichische Bundesbahnen** and **Schweizerische Bundesbahnen**.

der **Fahrplan,** Fahrpläne *n*	timetable
▪ Man kann die Abfahrts- und Ankunftszeiten dem **Fahrplan** entnehmen.	▪ You can see the departure and arrival times on the **timetable**.

die **Abfahrt,** Abfahrten *n*	departure
▪ Nach der **Abfahrt** des Zuges war der Bahnhof sehr still.	▪ After the **departure** of the train, the station was very quiet.

die **Ankunft,** Ankünfte *n*	arrival
▪ Wegen Nebels wird es manche verspätete **Ankunft** geben.	▪ Due to fog there will be some late **arrivals**.

mit dem Zug fahren *phrase*	to go by train
▪ Das letzte Mal **ist** David **mit dem Zug** nach London **gefahren**.	▪ David **went** to London **by train** last time.

➡ When talking about modes of transport, you need to use the preposition **mit** in German: **mit dem Bus fahren** to go by bus, **mit dem Auto fahren** to go by car.

verpassen *v*	to miss
▪ Adrian **verpasste** sein Flugzeug, weil der Zug Verspätung hatte.	▪ Adrian **missed** his plane because the train was late.

der **Fahrkartenschalter,** Fahrkartenschalter *n*	ticket office
▪ Es gibt keinen Grund, am **Fahrkartenschalter** Schlange zu stehen.	▪ There's no need to queue at the **ticket office**.

die **Auskunft** *n*	information desk
▪ Wenn Sie Informationen brauchen, fragen Sie bitte an der **Auskunft**.	▪ If you need any information, please ask at the **information desk**.

die **Verbindung,** Verbindungen *n*
- Leider gibt es hier keine direkte **Verbindung.**
- Die **Verbindung** in dieses Dorf ist nur in den Ferien in Betrieb.

connection; service
- Unfortunately there's no direct **connection** here.
- The **service** in this village only runs during the holidays.

die **Rückfahrkarte,** Rückfahrkarten *n*
- Möchten Sie eine einfache oder eine **Rückfahrkarte?**
- Eine **Rückfahrkarte** nach Philadelphia, bitte.

return ticket; round-trip ticket

- Do you want a single or a **return ticket?**
- A **round-trip ticket** to Philadelphia, please.

durchgehend *adj*
- Sonia nahm den **durchgehenden** Zug von Hamburg nach München.

direct
- Sonia took the **direct** train from Hamburg to Munich.

das **Abteil,** Abteile *n*
- Alle in meinem **Abteil** telefonierten gleichzeitig.

compartment
- Everybody in my **compartment** was on the phone at the same time.

der **Schaffner,** die **Schaffnerin,** Schaffner *n*
- Ich hatte eine Frage, aber der **Schaffner** war nirgendwo in Sicht.

conductor

- I had a question, but the **conductor** was nowhere in sight.

der **Sitzplatz,** Sitzplätze *n*
- Entschuldigen Sie, aber Sie sitzen auf meinem **Sitzplatz.**

seat
- Excuse me, but you're sitting in my **seat.**

der **Bahnsteig,** der **Perron** *CH* Bahnsteige, Perrons *n*
- Ihr Anschlusszug fährt vom selben **Bahnsteig.**

platform

- Your connection leaves from the same **platform.**

das **Gleis,** Gleise *n*
- Ihr Zug fährt von **Gleis** 5 ab.
- Nach dem Gewitter lagen einige Bäume auf den **Gleisen.**

platform; track
- Your train departs from **platform** 5.
- Several trees were lying on the **tracks** after the storm.

die **Schiene,** Schienen *n*
- Reisende dürfen die **Schienen** nicht überqueren.

rail
- Passengers must not cross the **rails.**

der **Schnellzug,** Schnellzüge *n*
- Warum fährst du nicht mit dem **Schnellzug** nach Edinburgh?

express train
- Why don't you travel to Edinburgh by **express train?**

der **Regionalzug,** Regionalzüge *n*	local train
▪ Gestern ist ein Güterzug mit einem **Regionalzug** zusammengestoßen.	▪ A freight train hit a **local train** yesterday.
der **Vorortzug,** Vorortzüge *n*	commuter train
▪ Stewart nimmt jeden Morgen den **Vorortzug.**	▪ Stewart takes the **commuter train** every morning.

Air and Sea Transportation

der **Flug,** Flüge *n*	flight
▪ Ich suche nach einem günstigen **Flug** nach Mexiko Stadt.	▪ I'm looking for a reasonable **flight** to Mexico City.
fliegen, fliegt, flog, ist geflogen *v-irr*	to fly
▪ **Fliegst** du oder nimmst du den Zug?	▪ Are you going to **fly** or take the train?
die **Fluggesellschaft,** Fluggesellschaften *n*	airline
▪ Viele **Fluggesellschaften** bieten Nonstop-Flüge nach New York an.	▪ Many **airlines** offer nonstop flights to New York.
der **Flugplan,** Flugpläne *n*	schedule
▪ Ist Julians Flug gemäß **Flugplan** angekommen?	▪ Did Julian's flight arrive according to **schedule?**
das **Flugzeug,** Flugzeuge *n*	plane
der **Flughafen,** Flughäfen *n*	airport
der **Flugsteig,** Flugsteige *n*	gate
das **Terminal,** Terminals *n*	terminal
starten *v*	to take off
▪ Das Flugzeug nach Tokio **ist** vor zehn Minuten **gestartet.**	▪ The plane for Tokyo **took off** ten minutes ago.
landen *v*	to land
▪ Wir **sind** nach einem sechsstündigen Flug in London **gelandet.**	▪ We **landed** in London after a six-hour flight.
das **Schiff,** Schiffe *n*	ship; boat
das **Boot,** Boote *n*	boat
der **Hafen,** Häfen *n*	port; harbour

die **Fähre,** Fähren *n*	ferry
auslaufen *v-sep-irr* ■ Am letzten Tag **liefen** wir aus dem Hafen von Montevideo **aus.**	**to put to sea** ■ On our final day we **put to sea** from the port of Montevideo.
sinken, sinkt, sank, ist gesunken *v-irr* ■ Die Fähre **sank** innerhalb von Minuten.	**to sink** ■ The ferry **sank** within minutes.

Private Transport

der **Verkehr** *n* ■ An dem Wochenende ist immer viel **Verkehr** auf den Straßen.	traffic ■ There's always a lot of **traffic** on the roads that weekend.
das **Auto,** Autos *n*	car
der **Wagen,** Wagen *n*	car
das **Hybridauto,** Hybridautos *n*	hybrid car
das **Motorrad,** Motorräder *n*	motorbike
das **Taxi,** Taxis *n*	taxi
der **Fahrer,** die **Fahrerin,** Fahrer *n*	driver
fahren, fährt, fuhr, ist gefahren *v-irr* ■ Mit 18 hat Chris **fahren** gelernt. ■ Es ist viel zu kalt, um zu laufen. Lass uns mit dem Bus **fahren.**	**to drive; to go** ■ Chris learned how to **drive** when he was 18. ■ It's much too cold to walk. Let's **go** by bus.
der **Führerschein,** Führerscheine *n* ■ Hier muss man 17 sein, wenn man den **Führerschein** machen will.	driving licence ■ You have to be 17 to get your **driving licence** here.
das **Fahrrad,** das **Velo** *CH* Fahrräder, Velos *n*	bicycle
Fahrrad fahren *phrase* ■ Karen war drei, als ihr Vater ihr beibrachte, **Fahrrad** zu **fahren.**	**to ride a bike** ■ Karen was three when her father taught her how to **ride a bike.**

die **Route,** Routen *n*
- Ich zeigte ihr die **Route** im Internet.

route
- I showed her the **route** on the Internet.

vorwärts fahren *phrase*
- Patrick **fuhr** ein paar Meter **vorwärts** und hielt den Wagen an.

to go forward
- Patrick **went forward** a few metres and stopped the car.

rückwärts fahren *phrase*
- Vorsicht, **fahre** nicht zu weit **rückwärts**. Da ist eine Mauer.

to reverse
- Careful, don't **reverse** too far. There's a wall.

der **Reifen,** der **Pneu** *CH* Reifen, Pneus *n*

tyre

die **Ampel,** Ampeln *n*

traffic lights

das **Schild,** Schilder *n*

road sign

überqueren *v*
- Man darf bei Rot die Straße nicht **überqueren**.

to cross
- You mustn't **cross** the street when the light is red.

parken, parkieren *CH v*
- Wenn du hier **parkst**, wirst du einen Strafzettel bekommen.

to park
- If you **park** here, you'll get a ticket.

das **Benzin,** Benzine *n*

petrol

der **Diesel,** Diesel *n*

diesel

die **Tankstelle,** Tankstellen *n*

garage; petrol station

volltanken *v-sep*
- Wir müssen den Wagen noch **volltanken**, bevor wir morgen losfahren.

to fill up
- We have to **fill up** the car before we leave tomorrow.

Nature and the Environment

Animals and Plants

das **Tier**, Tiere *n*	animal
die **Kuh**, Kühe *n*	cow
der **Stier**, Stiere *n*	bull
das **Kalb**, Kälber *n*	calf
das **Schwein**, Schweine *n*	pig
das **Schaf**, Schafe *n*	sheep
die **Ziege**, Ziegen *n*	goat
das **Pferd**, Pferde *n*	horse
das **Huhn**, Hühner *n*	chicken
der **Hund**, Hunde *n*	dog
die **Katze**, Katzen *n*	cat
die **Maus**, Mäuse *n*	mouse
der **Vogel**, Vögel *n*	bird
der **Fisch**, Fische *n*	fish
die **Pflanze**, Pflanzen *n*	plant
der **Wald**, Wälder *n*	forest; wood
der **Baum**, Bäume *n*	tree
das **Blatt**, Blätter *n*	leaf
die **Blume**, Blumen *n*	flower
die **Rose**, Rosen *n*	rose
das **Gras**, Gräser *n*	grass
das **Getreide**, Getreide *n*	grain

Landscape

die **Landschaft,** Landschaften *n*
- Wir wanderten durch die dramatische **Landschaft** des Lake District.
- Man sieht herrliche **Landschaft** in der Schweiz.

landscape; scenery
- We walked through the dramatic **landscape** of the Lake District.
- You can see fantastic **scenery** in Switzerland.

das **Gebiet,** Gebiete *n*
- Es gibt viele Schlangen in diesem **Gebiet.**

area
- There are lots of snakes in this **area.**

die **Region,** Regionen *n*
- Diese **Region** Österreichs bekommt viel Sonnenschein ab.

region
- This **region** of Austria gets a lot of sunshine.

regional *adj*
- Der Konflikt wird nicht mehr als **regional** eingestuft.

regional
- The conflict is no longer considered to be **regional.**

überregional *adj*
- Ich habe eine **überregionale** Zeitung abonniert.

national
- I've subscribed to a **national** paper.

der **Kontinent,** Kontinente *n*
- Der australische **Kontinent** wurde vor 60.000 Jahren besiedelt.

continent
- The Australian **continent** was populated 60,000 years ago.

das **Land,** Länder *n*
- Würdest du lieber in der Stadt oder auf dem **Land** leben?
- Um Rinder zu züchten, braucht man viel **Land.**

country; land
- Would you rather live in the city or in the **country?**
- You need a lot of **land** to raise cattle.

der **Erdboden** *n*
- In der Arktis ist der **Erdboden** fast das ganze Jahr gefroren.

ground; soil
- In the Arctic the **ground** is frozen nearly all year round.

➡ The shorter word for **Erdboden** is **der Boden.**

das **Gebirge,** Gebirge *n*	**mountains**
der **Berg,** Berge *n*	**mountain**
der **Gipfel,** Gipfel *n*	**peak**
der **Hügel,** Hügel *n*	**hill**

das **Wasser** n	water
das **Meer,** Meere n	sea
der **Ozean,** Ozeane n	ocean
das **Mittelmeer** n	Mediterranean (Sea)
der **Atlantik** n	Atlantic (Ocean)
der **Pazifik** n	Pacific (Ocean)
die **Welle,** Wellen n	wave
die **Küste,** Küsten n	coast; seaside
der **Strand,** Strände n	beach
der **Fluss,** Flüsse n	river
der **See,** Seen n	lake
das **Ufer,** Ufer n	bank
die **Insel,** Inseln n	island
die **Wüste,** Wüsten n	desert
der **Weg,** Wege n	path
der **Pfad,** Pfade n	path

Compass Directions

der **Norden** *n*	north
nördlich von *phrase* ▪ Er ist in einem kleinen Dorf **nördlich von** der Hauptstadt geboren.	**(to the) north of** ▪ He was born in a village **to the north of** the capital.
der **Süden** *n*	south
südlich von *phrase* ▪ Die Altstadt liegt **südlich von** der Autobahn.	**(to the) south of** ▪ The old city is **to the south of** the motorway.
der **Westen** *n*	west
westlich von *phrase* ▪ Der Vorort liegt **westlich von** der Stadtmitte.	**(to the) west of** ▪ The suburb is **west of** the town centre.
der **Osten** *n*	east
östlich von *phrase* ▪ Die Küste ist **östlich von** hier.	**(to the) east of** ▪ The coast is **to the east of** here.

Space

die **Welt,** Welten *n*	world
die **Erde** *n*	earth
das **All** *n*	space
der **Weltraum** *n*	space
der **Himmel,** Himmel *n*	sky
die **Luft,** Lüfte *n*	air
der **Mond,** Monde *n*	moon
der **Stern,** Sterne *n*	star
die **Sonne,** Sonnen *n*	sun
der **Satellit,** Satelliten *n*	satellite

Environment, Weather and Climate

das **Wetter** *n*
- Das **Wetter** ist zu mild für Schnee.

weather
- The **weather** is too mild for snow.

das **Klima** *n*
- In Südeuropa ist das **Klima** viel zu warm für mich.

climate
- In southern Europe the **climate** is much too warm for me.

die **Temperatur,** Temperaturen *n*
- Man muss viel trinken, wenn die **Temperaturen** so hoch sind.

temperature
- You have to drink a lot when the **temperature** is so high.

die **Hitze** *n*

heat

heiß *adj*
- Im Sommer wird es in Kalifornien sehr **heiß**.

hot
- In the summer it gets very **hot** in California.

die **Wärme** *n*

warmth

warm *adj*
- Mir war ziemlich **warm** unter der Decke.

warm
- I was quite **warm** under the blanket.

die **Kälte** *n*

cold

kalt *adj*
- New York ist im Sommer zu warm und im Winter zu **kalt**.

cold
- New York is too hot in summer and too **cold** in winter.

kühl *adj*
- Selbst im August ist es in den Bergen angenehm **kühl**.

cool
- It's pleasantly **cool** in the mountains, even in August.

die **Wolke,** Wolken *n*
- Der Himmel war blau und ohne **Wolken**.

cloud
- The sky was blue and there were no **clouds**.

bewölkt *adj*
- Die Wettervorhersage lautet: teilweise **bewölkt**, aber kein Regen.

cloudy
- The weather forecast is for it to be partly **cloudy** but no rain.

der **Regen** *n*
- Es ist so heiß und trocken, wir brauchen **Regen**.

rain
- It's so hot and dry, we need some **rain**.

regnen *v*
- Ihr könnt nicht zum Strand gehen, es **regnet** noch.

to rain
- You can't go to the beach, it's still **raining**.

➡ When speaking about the weather in German, the impersonal form is used:
Es regnet/schneit. It's raining/snowing. Es ist sonnig. It's sunny. Es ist bewölkt. It's cloudy. (But: Die Sonne scheint. The sun is shining.)

trocken *adj*
- Im letzten Sommer war es sehr heiß und zu **trocken**.

dry
- Last summer it was very hot and too **dry**.

nass *adj*
- Nach dem Regenguss war ich durch und durch **nass**.

wet
- After the rainshower I was **wet** through.

der **Wind**, Winde *n*
- Ich würde gern segeln gehen, aber es ist nicht genug **Wind** da.

wind
- I'd like to go sailing but there isn't enough **wind**.

windig *adj*
- In der Bergen ist es auch im Sommer oft **windig**.

windy
- In the mountains it's often **windy** even in summer.

blasen,
bläst, blies, hat geblasen *v-irr*
- Der starke Wind **blies** die Regenwolken fort.

to blow

- The strong wind **blew** the rainclouds away.

der **Sturm**, Stürme *n*
- Das Boot geriet in einen **Sturm** und sank.

storm
- The boat got into a **storm** and sank.

stürmisch *adj*
- Wir verbrachten eine raue und **stürmische** Nacht in den Bergen.

stormy
- We spent a rough and **stormy** night in the mountains.

das **Gewitter**, Gewitter *n*
- Das Flugzeug geriet in ein **Gewitter** und wurde vom Blitz getroffen.

thunderstorm
- The plane got into a **thunderstorm** and was struck by lightning.

der **Nebel**, Nebel *n*
- Wegen **Nebels** war der Flughafen für mehrere Stunden geschlossen.

fog
- The airport was closed for several hours because of **fog**.

neblig *adj*
- Es war so **neblig**, dass man fast nichts sehen konnte.

foggy
- It was so **foggy**, you could see hardly anything.

das **Eis** n
- Das **Eis** auf dem Teich ist noch zu dünn, um darauf zu gehen.

ice
- The **ice** on the pond is still too thin to walk on.

der **Schnee** n
- Letzten Winter hatten wir kaum **Schnee**; es war zu mild.

snow
- We had hardly any **snow** last winter; it was too mild.

schneien v
- Es **hat** letzte Nacht hier **geschneit**, was nicht häufig geschieht.

to snow
- It **snowed** here last night, which doesn't happen often.

das **Feuer, Feuer** n
- Das **Feuer** zerstörte mehrere Häuser.

fire
- The **fire** destroyed several houses.

brennen, brennt, brannte, hat gebrannt v-irr
- Der Wald **brannte** die ganze Nacht.

to burn

- The forest **burnt** throughout the night.

die **Überschwemmung,** Überschwemmungen n
- Nach den schweren Regenfällen war die Gefahr von **Überschwemmungen** sehr groß.
- Während der Regenzeit gibt es schwere **Überschwemmungen**.

flooding; flood

- After the heavy rainfall, there was a very high risk of **flooding**.

- There are severe **floods** during the rainy season.

das **Erdbeben, Erdbeben** n
- In einigen Regionen der Welt gibt es immer wieder gefährliche **Erdbeben**.

earthquake
- In some parts of the world, there are **earthquakes** time and again.

die **Umwelt** n
- Nichts verschmutzt die **Umwelt** mehr als das Öl.

environment
- Oil pollutes the **environment** more than anything else.

der **Treibhauseffekt,** Treibhauseffekte n
- Der **Treibhauseffekt** ist der Prozess, der die Erdatmosphäre erwärmt.

greenhouse effect

- The **greenhouse effect** is the process that warms the earth's atmosphere.

der **Klimawandel** n
- Viele Menschen glauben, dass der **Klimawandel** nicht mehr aufzuhalten ist.

climate change
- Many people think that **climate change** is unstoppable.

Communication and Media

Post

die **Post** *n* • Ich kann Ihnen den Brief mit der Post schicken oder ihn faxen.	**post** • I can send you the letter by **post** or I can fax it.
aufgeben *v-sep-irr* • Denken Sie daran, das Päckchen zwei Wochen vorher **aufzugeben**.	**to post** • Make sure you **post** the parcel two weeks in advance.
schicken *v* • Ich **schicke** Ihnen eine Kopie des Vertrags per E-Mail.	**to send** • I'll **send** you a copy of the contract by e-mail.
die **Postleitzahl**, Postleitzahlen *n*	**postcode**
das **Postamt**, Postämter *n*	**post office**

➡ An alternative word for **Postamt** is **die Post**.

der **Brief**, Briefe *n*	**letter**
die **Postkarte**, Postkarten *n*	**postcard**
das **Päckchen**, Päckchen *n*	**parcel**
die **Briefmarke**, Briefmarken *n*	**stamp**
Liebe …, Lieber … *phrase*	**Dear …**

➡ In German letters or e-mails you normally start by putting **Liebe/r Dear** followed by the persons first name or surname: **Lieber Thomas** or **Liebe Elke** or **Lieber Herr Meyer**. In official correspondence you can use **Sehr geehrte Frau Schumann Dear Mrs Schumann** or **Sehr geehrter Herr Müller**. Next comes a comma and the following line starts with a lower-case letter.

Mit freundlichen Grüßen *phrase* • **Mit freundlichen Grüßen** Ihre Emily Post	**Yours sincerely** • **Yours sincerely** Emily Post

➡ Germans usually sign off their letters and e-mails with the phrase **Viele/Liebe/Herzliche Grüße**. In formal letters, however, they often use **Mit freundlichen Grüßen**.

Print Media and Broadcasting

die **Information,** Informationen *n*
- Die Lokalzeitung enthält **Informationen** über die Gottesdienste.

information
- The local paper contains **information** about church services.

informieren *v*
- Dieses Programm **informiert** die Menschen über aktuelle Ereignisse.

to inform
- This programme **informs** people about current events.

die **Nachrichten** *n f pl*
- Es ist 10 Uhr, lass uns die **Nachrichten** hören.

news
- It's 10 o'clock, let's listen to the **news**.

➡ If **die Nachricht** is used in the singular, it means **information** or **message. Ich habe eine wichtige Nachricht für dich. I have an important message for you.**

die **Zeitung,** Zeitungen *n* | newspaper; paper

die **Zeitschrift,** Zeitschriften *n* | magazine

➡ Other common terms for **magazine** in German are **die Illustrierte** or **das Magazin.**

der **Artikel,** Artikel *n*
- Ich habe gerade einen **Artikel** über die globale Erwärmung gelesen.

article
- I've just finished reading an **article** on global warming.

die **Ausgabe,** Ausgaben *n*
- Wo ist die letzte **Ausgabe** der Zeitung?
- Der Artikel, den du suchst, war in der letzten **Ausgabe.**

edition; issue
- Where's the latest **edition** of the paper?
- The article you're looking for was in the last **issue.**

das **Abonnement,** Abonnements *n*
- Sue kündigte ihr **Abonnement,** als sie wieder die Preise erhöhten.

subscription
- Sue cancelled her **subscription** when they put up the price again.

das **Radio,** Radios *n* | radio

das **Fernsehen** *n* | television; TV

der **Fernseher,** Fernseher *n* | TV

fernsehen *v-sep-irr*
- Kinder **sehen** heutzutage zu viel **fern.**

to watch TV
- Kids today **watch** too much **TV.**

senden, sendet, sandte/sendete, hat gesandt/gesendet *v-irr*

to broadcast

- Die Nachricht von ihrem Wahlsieg wurde sofort **gesendet**.
- The news of her victory in the election was **broadcast** immediately.

übertragen *v-irr*

to broadcast

- Die Olympischen Spiele wurden in alle Teile der Welt **übertragen**.
- The Olympic Games were **broadcast** all over the world.

aufnehmen *v-sep-irr*

to record

- Ich habe einen guten Freund gebeten, das Spiel **aufzunehmen**.
- I asked a good friend to **record** the match.

die **Sendung,** Sendungen *n*

programme

- Das war eine der besten **Sendungen**, die ich je gesehen habe.
- That was one of the best **programmes** I've ever seen.

das **Programm,** Programme *n*

schedule

- Im Sommer ist das **Programm** im Fernsehen voller Wiederholungen.
- In Summer the TV **schedule** is filled with repeats.

der **Werbespot,** Werbespots *n*

commercial

- Der Film war gut, aber die Menge an **Werbespots** nervte mich.
- The film was good, but the number of **commercials** annoyed me.

die **Wahrheit,** Wahrheiten *n*

truth

- Man glaubte ihr nicht, obwohl sie die **Wahrheit** sagte.
- People didn't believe her even though she was telling the **truth**.

wahr *adj*

true

- Es klingt seltsam, aber es ist eine **wahre** Geschichte.
- It sounds strange but it's a **true** story.

Telephone, Mobile Phones and the Internet

das **Telefon,** Telefone *n*
- Mein **Telefon** war vorübergehend abgeschaltet.
- Darf ich Ihr **Telefon** benutzen?

telephone; phone
- My **telephone** has been temporarily disconnected.
- May I use your **phone?**

das **Telefongespräch,**
Telefongespräche *n*
- Auf Ihrer Telefonrechnung sind alle **Telefongespräche** aufgelistet.

phone call

- All your **phone calls** are listed on your phone bill.

telefonieren *v*
- Du darfst ihn jetzt nicht stören. Er **telefoniert** gerade.

to be on the phone
- You mustn't disturb him at the moment. He **is on the phone.**

der **Anruf,** Anrufe *n*
- Wo ist Tom? Da ist ein **Anruf** für ihn.

call
- Where's Tom? There's a **call** for him.

anrufen *v-sep-irr*
- Könntest du mich etwa eine Stunde vor deiner Ankunft **anrufen?**
- Carl hat sie dreimal **angerufen,** aber sie ist nicht rangegangen.

to phone; to ring
- Could you **phone** me about an hour before you arrive?
- Carl **rang** her three times but she never answered the phone.

zurückrufen *v-sep-irr*
- Ich habe Diane gebeten, mich **zurückzurufen,** sobald sie mehr weiß.

to phone back
- I asked Diane to **phone** me **back** as soon as she knows any more.

wählen *v*
- **Wählen** Sie zuerst die 1 und dann die Nummer.

to dial
- First **dial** 1 and then the number.

Wer ist am Apparat? *phrase*

Who am I speaking to?

Auf Wiederhören! *interj*

Bye!

besetzt *adj*
- Alle Leitungen sind **besetzt.** Bitte versuchen Sie es noch einmal.

engaged
- All the lines are **engaged.** Please try again.

die **Vorwahl,** Vorwahlen *n*
- Bist du sicher, dass die **Vorwahl** von London 020 ist?

dialling code
- Are you sure the **dialling code** for London is 020?

das **Handy,** Handys *n*
- Du kannst mich immer auf meinem **Handy** erreichen.

mobile (phone)
- You can always reach me on my **mobile phone**.

das **Smartphone,** Smartphones *n*
- Ich checke morgens meine E-Mails mit meinem **Smartphone**.

smartphone
- I check my e-mails on my **smartphone** every morning.

die **SMS,** SMS *n*
- Schick mir eine **SMS**, wenn du weißt, wann der Film anfängt.

text (message)
- Send me a **text message** when you know what time the film starts.

eine **SMS schreiben** *phrase*
- Ich habe ihm **eine SMS geschrieben**, wo wir uns treffen.

to text
- I **texted** him about where to meet.

das **Internet** *n*
- Warum schaust du ihre neue Nummer nicht im **Internet** nach?

Internet
- Why don't you look up her new number on the **Internet**?

die **E-Mail,** E-Mails *n*
- Sie haben mich gebeten, meine Bewerbung per **E-Mail** zu schicken.

e-mail
- They asked me to send my application by **e-mail**.

➡ In Austria, **das E-Mail** is also common.

die **E-Mail-Adresse,**
E-Mail-Adressen *n*
- Ich muss die falsche **E-Mail-Adresse** verwendet haben.

e-mail address

- I must have used the wrong **e-mail address**.

der **(E-Mail-)Anhang** *n*
- Meine E-Mail kam nicht durch, weil der **Anhang** zu groß war.

attachment
- My e-mail didn't get through because the **attachment** was too big.

skypen® *v*
- Gestern Abend habe ich mit meinem Vater **geskypt**, der im Moment in Vancouver ist.

to skype®
- Last night I **skyped** my father whos currently staying in Vancouver.

die **Flatrate,** Flatrates *n*
- Mein Internetprovider hat mir eine neue **Flatrate** angeboten.

flat rate
- My Internet service provider offered me a new **flat rate**.

das **WLAN,** WLANs *n*
- In allen Zimmern des Hotels gab es **WLAN**.

Wi-fi
- There was **Wi-fi** in every room of the hotel.

online *adj*
- Wirst du heute am späteren Abend **online** sein?

online
- Are you going to be **online** later this evening?

offline *adj*
- Ich wollte dich erreichen, aber dein Computer war **offline**.

offline
- I tried to reach you, but your computer was **offline**.

aufladen *v-sep-irr*
- Ich muss mein Smartphone **aufladen**, mein Akku ist fast leer.

to charge
- I need to **charge** my smartphone, the battery is almost gone.

(Daten) herunterladen *phrase*
- Ist es ungefährlich, die kostenlose Version **herunterzuladen**?

to download
- Is it safe to **download** the free version?

das **Benutzerkonto,**
Benutzerkonten *n*
- Du musst dir ein **Benutzerkonto** einrichten, bevor du bei diesem Anbieter bestellen kannst.

account

- You must open an **account** before you can order from this provider.

der **Benutzername,**
Benutzernamen *n*
- Um dich einzuloggen musst du nur deinen **Benutzernamen** und ein Passwort eintippen.

user name

- You just need to type in your **user name** and a password to log on.

einloggen *v-sep*
- Sie müssen sich erst auf unserer Website **einloggen**, bevor Sie Ihren Einkauf beginnen.

to log on
- You need to **log on** to our website first before you start shopping.

ausloggen *v-sep*
- Vergiss nicht, dich wieder **auszuloggen**, wenn du fertig bist.

to log off
- Dont forget to **log off** again when youre done.

die **Suchmaschine,**
Suchmaschinen *n*
- Es gibt Dutzende von **Suchmaschinen** für alle möglichen Zwecke.

search engine

- There are dozens of **search engines** for all kinds of purposes.

das **Selfie,** Selfies *n*
- Ich habe gestern ein paar **Selfies** gemacht und sie online gestellt.

selfie
- I took a few **selfies** yesterday and posted them online.

das **soziale Netzwerk** *n*
- Würdest du mit jemandem, den du nicht kennst, über ein **soziales Netzwerk** kommunizieren?

social network
- Would you communicate on a **social network** with someone you don't know?

chatten *v*
- Ich liebe es, mit meinen ausländischen Freunden online zu **chatten**.

to chat
- I love **chatting** online with my friends abroad.

liken *v*
- 50 Leute haben meine neue Seite schon **gelikt**.

to like
- 50 people have **liked** my new page so far.

posten *v*
- Jeden Morgen **poste** ich ein neues Profilbild.

to post
- I **post** a new cover photo every morning.

twittern® *v*
- Hast du gelesen, was Jack darüber **getwittert** hat?

to twitter®
- Have you read what Jack **twittered** about that?

der **Blog, Blogs** *n*
- Sie hat einen interessanten **Blog** geführt, als sie in Kanada wohnte.

blog
- She kept an interesting **blog** when she lived in Canada.

der **Shitstorm, Shitstorms** *n*
- Seine rassistischen Äußerungen lösten sofort einen **Shitstorm** der Entrüstung aus.

shitstorm
- His racist remarks caused an immediate **shitstorm** of outrage.

der **Podcast, Podcasts** *n*
- Man kann den **Podcast** von unserer Webseite herunterladen.

podcast
- You can download the **podcast** from our website.

das **Onlinebanking** *n*
- Kann jemand mein Konto hacken, wenn ich **Onlinebanking** mache?

online banking
- Can anyone hack my bank account when I'm doing **online banking**?

Computer and Multimedia

der **Computer,** Computer *n*   computer

➡ As well as computer, you often hear the words **PC** or **Laptop** used in German.

hochfahren *v-sep-irr*	**to boot (up)**
▪ Das erste, was ich morgens tue, ist meinen Computer **hochzufahren**.	▪ The first thing I do in the morning is to **boot** my computer.
herunterfahren *v-sep-irr*	**to shut down**
▪ Dieses Programm **fährt** automatisch **herunter**.	▪ This program **shuts down** automatically.
neu starten *phrase*	**to restart**
▪ Wenn das Programm nicht mehr reagiert, versuche, deinen Computer **neu zu starten**.	▪ When the program is frozen, try **restarting** your computer.
das **Programm,** Programme *n*	**program**
▪ Man kann ein kostenloses **Programm** von der Website herunterladen.	▪ You can download a free **program** from the website.
programmieren *v*	**to program**
▪ Kevin hat seinen Computer so **programmiert**, dass er neue Updates automatisch herunterlädt.	▪ Kevin **programmed** his computer to download new updates automatically.
die **Hardware,** Hardwares *n*	**hardware**
die **Software,** Softwares *n*	**software**
die **Festplatte,** Festplatten *n*	**hard disk**
das **Laufwerk,** Laufwerke *n*	**drive**
der **Drucker,** Drucker *n*	**printer**
der **Bildschirm,** Bildschirme *n*	**screen**
der **USB-Anschluss,** USB-Anschlüsse *n*	**USB port**
die **Tastatur,** Tastaturen *n*	**keyboard**
die **Taste,** Tasten *n*	**key**
die **Maus,** Mäuse *n*	**mouse**
der **Mauszeiger,** Mauszeiger *n*	**cursor**

klicken *v*
- **Klicken** Sie auf dieses Symbol und laden Sie das Programm herunter.

to click
- Just **click** on this icon and download the program.

ausdrucken *v-sep*
- Könntest du dieses Dokument für mich **ausdrucken**?

to print out
- Could you **print out** this document for me?

digital *adj*
- **Digitale** Aufnahmen sind okay, aber Schallplatten haben Charme.

digital
- **Digital** recordings are okay, but records have charm.

die **Daten** *n pl*
- Die Tastatur verwendet man, um **Daten** in den Computer einzugeben.

data
- The keyboard is used to enter **data** onto the computer.

die **Datei,** Dateien *n*
- Alle **Dateien** von der Festplatte sind gelöscht!

file
- All the **files** from the hard disk have been deleted!

(ab)speichern *v-sep*
- Wo habe ich die Datei **abgespeichert**, an der ich gearbeitet habe?

to save
- Where did I **save** the file I was working on?

kopieren *v*
- Ich **kopiere** wichtige Dateien immer auf einen Stick.

to copy
- I always **copy** important files onto a memory stick.

einfügen *v-sep*
- Warum **fügst** du nicht eine Karte der Region in die Einladung **ein**?

to paste
- Why don't you **paste** a map of the region into the invitation?

löschen *v*
- Ach nein, ich habe gerade die ganze Datei **gelöscht**!

to delete
- Oh no, I actually **deleted** the whole file!

verlinken *v*
- Ich weiß nicht, wie man auf eine Webseite **verlinkt**.

to link
- I don't know how to **link** to a website.

die **Fehlermeldung,** Fehlermeldungen *n*
- Ich bekomme dauernd diese komische **Fehlermeldung**.

error message
- I keep on getting this weird **error message**.

Industry, Technology and Research

Manufacturing, Trade and Services

die **Wirtschaft** n
- Was ist zu tun, wenn sich die **Wirtschaft** im Abschwung befindet?

economy
- What can be done when the **economy** is on a downturn?

die **Firma,** Firmen n
- Henrik arbeitet seit 30 Jahren bei derselben **Firma**.

firm
- Henrik's worked for 30 years at the same **firm**.

der **Vorstand,** Vorstände n
- Der **Vorstand** unserer Firma hat Lohnkürzungen beschlossen.

board
- Our company's Management **Board** has decided on pay cuts.

die **Industrie,** Industrien n
- Die Auto**industrie** ist von der Rezession schwer betroffen.

industry
- The car **industry** has been hard hit by the recession.

Geschäfte machen phrase
- Wir **machen** viele **Geschäfte** mit Firmen in Japan.

to do business
- We **do** a lot of **business** with companies in Japan.

die **Ware,** Waren n
- Alle **Waren** aus China wurden überprüft.
- Einige der **Waren,** die gestern angekommen sind, waren beschädigt.

merchandise; goods
- All the **merchandise** imported from China was checked.
- Some of the **goods** that arrived yesterday were damaged.

der **Umsatz,** Umsätze n
- Unsere Firma macht einen **Umsatz** von 200.000 Euro.

turnover
- Our company has a **turnover** of EUR 200,000.

die **Nachfrage,** Nachfragen n
- Es besteht im Augenblick wieder viel **Nachfrage** nach Schallplattenspielern.

demand
- At the moment there's great **demand** for record players again.

ausführen v-sep
- Deutschland **führt** viel mehr **aus** als es einführt.

to export
- Germany **exports** much more than it imports.

einführen *v-sep*
- Bulgarien **führt** sein Erdgas zum größten Teil aus Russland **ein**.

to import
- Bulgaria **imports** most of its natural gas from Russia.

die **Werkstatt,** Werkstätten *n*
- Mein Bruder hat eine kleine **Werkstatt,** in der er Uhren repariert.

workshop
- My brother has a small **workshop** where he repairs clocks.

reparieren *v*
- Wir müssen das Auto **reparieren** lassen.

to repair
- We must have the car **repaired**.

der **Auftrag,** Aufträge *n*
- Die Firma erhielt letztes Jahr weniger **Aufträge**.

order
- The firm got fewer **orders** last year.

die **Agentur,** Agenturen *n*
- Jon arbeitet für eine **Agentur**, die auf Werbung spezialisiert ist.

agency
- Jon works for an **agency** that specializes in advertising.

Money, Banking and Financial Markets

die **Bank,** Banken *n*
- Sie haben einen Haufen Geld auf der **Bank**.

bank
- They've got loads of money in the **bank**.

das **Geld,** Gelder *n*
- In den USA kostet eine Hochschulausbildung viel **Geld**.

money
- A college education costs a lot of **money** in the US.

das **Bargeld** *n*
- Sie akzeptieren keine Schecks. Sie müssen **Bargeld** mitnehmen.

cash
- They don't accept cheques. You'll have to take some **cash**.

➡ However, you have to say: **Kann ich in bar bezahlen? Can I pay in cash?** or **Kann ich mit Karte (EC-Karte oder Kreditkarte) bezahlen? Can I pay by card?**

die **EC-Karte,** EC-Karten *n*
- Er informiert die Bank, dass er seine **EC-Karte** verloren hat.

debit card
- He is informing the bank that he's lost his **debit card**.

die **Kreditkarte,** Kreditkarten *n*
- Kann ich die Hotelrechnung mit **Kreditkarte** zahlen?

credit card
- Can I pay the hotel bill by **credit card**?

die **Überweisung,**
Überweisungen *n*
- Der Bankangestellte sagte, die **Überweisung** sei schon angekommen.

transfer
- The bank clerk said the **transfer** had gone through.

finanziell *adj*
- Die Firma steckt tief in **finanziellen** Problemen.

financial
- The company is in deep **financial** trouble.

die **Ersparnisse** *n f pl*
- Frank ist arbeitslos und hat seine **Ersparnisse** aufgebraucht.

savings
- Frank is unemployed and has used up his **savings**.

sparen *v*
- Radfahren **spart** viel Geld und Treibstoff.

to save
- Going by bike **saves** a lot of money and fuel.

die **Schulden** *n f pl*
- Sie mussten ihr Haus verkaufen, um ihre **Schulden** zu zahlen.

debts
- They had to sell their house to pay their **debts**.

schulden *v*
- Ich **schulde** dir noch die 50 Euro, die du mir geliehen hast.

to owe
- I still **owe** you the EUR 50 you lent me.

der **Geldschein,** Geldscheine *n*
- Bitte geben Sie mir 100 Pfund in **Geldscheinen** zu 5 und 10 Pfund.

(bank)note
- Please give me £100 in £5 and £10 **notes**.

die **Münze,** Münzen *n*
- 25-Cent-Stücke sind die gängigsten **Münzen** in den USA.

coin
- Quarters are the most common **coins** in the US.

der **Euro,** Euro, Euros *n*
- Der **Euro** hat sich als harte Währung herausgestellt.

euro
- The **euro** has proved to be a strong currency.

der **Cent,** Cent, Cents *n*
- Laura hat dieses Buch für nur 50 **Cent** gekauft.

cent
- Laura bought this book for only 50 **cents**.

der **Schweizer Franken,**
Schweizer Franken *n*
- Die amtliche Währung in der Schweiz heißt **Schweizer Franken**.

Swiss Franc
- The official currency in Switzerland is the **Swiss Franc**.

der **Rappen,** Rappen *n*
- Ein **Rappen** ist ein Hundertstel eines Schweizer Franken.

Rappen
- A **Rappen** is one-hundredth of a Swiss Franc.

der **Dollar,** Dollars *n*
- Der kanadische **Dollar** liegt unter dem US-Dollar.

dollar
- The Canadian **dollar** is worth less than the US dollar.

das **Pfund** *n*
- Der Pulli war im Angebot. Ich habe nur 10 **Pfund** bezahlt.

pound
- The sweater was on special offer. I paid only 10 **pounds**.

der **Penny** *n*
- Ein **Penny** ist ein Hundertstel eines Pfundes.

penny
- A **penny** is one hundredth of a pound.

die **Pence** *n m pl*
- Ich habe 70 **Pence** für die Zeitung bezahlt.

pence
- I paid 70 **pence** for the paper.

wechseln *v*
- Martin möchte nachher zur Bank gehen, um etwas **Geld** zu wechseln.

to change
- Martin wants to go to the bank later to **change** some money.

die **Versicherung,** Versicherungen *n*
- Die laufenden Kosten für ein Auto umfassen auch die **Versicherung**.

insurance
- The upkeep of a car also includes **insurance**.

versichern *v*
- In den meisten westlichen Ländern müssen Autos **versichert** sein.

to insure
- In most western countries cars have to be **insured**.

das **Prozent,** Prozente *n*
- Er bezahlt zehn **Prozent** Zinsen für das Geld, das er geliehen hat.

per cent
- He's paying ten **per cent** interest on the money he borrowed.

steigen,
steigt, stieg, ist gestiegen *v-irr*
- Die führenden Aktien **stiegen** im gestrigen Handel um 3,5 Prozent.
- Der DAX **stieg** um acht Punkte, nachdem er zuvor gefallen war.

to rise; to go up

- Leading shares **rose** 3.5 per cent in yesterday's trading.
- The DAX **went up** eight points after falling earlier.

erhöhen *v*
- Die Nachricht hat den Aktienpreis des Unternehmens **erhöht**.

to increase
- The news has **increased** the company's share price.

steigern *v*	**to increase**
▪ Der Umsatz lässt sich nicht weiter **steigern**.	▪ The turnover can't **be increased** anymore.
sinken, sinkt, sank, ist gesunken *v-irr*	**to decrease**
▪ Man erwartet, dass die Immobilienpreise weiter **sinken**.	▪ Housing prices are expected to further **decrease**.
verringern *v*	**to reduce**
▪ Wir sollten den Betrag **verringern**, den wir monatlich ausgeben.	▪ We should **reduce** the amount we spend every month.
die **Steuer,** Steuern *n*	**tax**
▪ In Amerika enthalten die Restaurantpreise keine **Steuer**.	▪ In America restaurant prices don't include **tax**.

Agriculture

die **Landwirtschaft,** Landwirtschaften *n*	**agriculture**
▪ Eine umweltfreundliche **Landwirtschaft** ist sehr wichtig.	▪ Environmentally-friendly **agriculture** is very important.
landwirtschaftlich *adj*	**agricultural**
▪ Ich will mehr über neue **landwirtschaftliche** Methoden erfahren.	▪ I want to learn more about new **agricultural** methods.
der **Bauernhof,** Bauernhöfe *n*	**farm**
das **Feld,** Felder *n*	**field**
pflanzen *v*	**to plant**
▪ Hast du jemals einen Baum **gepflanzt**?	▪ Did you ever **plant** a tree?
anbauen *v-sep*	**to grow**
▪ Baumwolle wird im amerikanischen Süden **angebaut**.	▪ Cotton is **grown** in the American South.
fruchtbar *adj*	**fertile**
▪ Die Farm steht auf sehr **fruchtbarem** Boden.	▪ The farm is on very **fertile** soil.

die **Ernte,** Ernten *n*
- Auf einem kleinen Bauernhof helfen alle bei der **Ernte** mit.

harvest
- On a small farm, everybody helps with the **harvest**.

ernten *v*
- In welchem Monat wird Weizen **geerntet**?

to harvest
- In which month of the year is wheat **harvested**?

gießen, gießt, goss, hat gegossen *v-irr*
- Könntest du meine Pflanzen **gießen**, solange ich unterwegs bin?

to water
- Could you **water** my plants while I'm away?

der **Dünger,** Dünger *n*

fertilizer

düngen *v*
- Ich **dünge** meine Pflanzen zwei Mal im Jahr.

to fertilize
- I **fertilize** my plants twice a year.

biologisch angebaut *phrase*
- **Biologisch angebaute** Nahrung ist viel gesünder.

organic
- **Organic** food is much healthier.

Technology, Energy und Research

die **Maschine,** Maschinen *n*
- Die **Maschine** setzte aus, also rief ich den Reparaturdienst an.
- Im modernen Straßenbau werden riesige **Maschinen** eingesetzt.

engine; machine
- The **engine** stopped working, so I called maintenance.
- Huge **machines** are used in modern road building.

der **Motor,** Motoren *n*
- Der **Motor** ist schon alt, läuft aber noch sehr gut.
- Elektromotoren sind technisch einfacher als herkömmliche **Motoren**.

engine; motor
- The **engine** is old, but it still runs very well.
- Electric motors are technically simpler than conventional **motors**.

funktionieren *v*
- Die Maschine, die ich gekauft habe, **funktioniert** nicht richtig.

to work
- The machine I bought doesn't **work** properly.

nützlich *adj*
- Eine Freisprechanlage kann beim Autofahren **nützlich** sein.

useful
- A hands-free kit can be **useful** while driving.

nutzlos *adj*
- Der Wissenschaftler glaubte, dass seine Erfindung **nutzlos** war.

useless
- The scientist believed that his invention was **useless**.

nützen *v*
- Dieses Werkzeug **nützt** mir nichts. Ich brauche einen Hammer.

to be of use
- This tool **is of** no **use** to me. I need a hammer.

der **Strom** *n*
- **Strom** wird von einer Batterie oder einem Generator erzeugt.

electricity
- **Electricity** is produced by a battery or a generator.

elektrisch *adj*
- Kraftwerke liefern **elektrische** Energie.
- Ich habe einen **elektrischen** Schlag vom Kabel bekommen.

electrical; electric
- Power stations supply **electrical** energy.
- I got an **electric** shock from the wire.

die **Energie,** Energien *n*
- Wir sollten in eine neue Maschine mit mehr **Energie** investieren.

power
- We should invest in a new machine with more **power**.

die **erneuerbaren Energien** *n f pl*
- Sonnenlicht, Wind, Regen und Erdwärme sind **erneuerbare Energien**.

renewable energies
- Sunlight, wind, rain and geothermal heat are **renewable energies**.

stark *adj*
- Ein Rolls-Royce hat einen leisen, aber **starken** Motor.

powerful
- A Rolls-Royce has a quiet but **powerful** engine.

die **Entdeckung,** Entdeckungen *n*
- Die **Entdeckung** von Öl in der Nordsee war sehr vorteilhaft.

discovery
- The **discovery** of oil in the North Sea was very advantageous.

entdecken *v*
- Marie Curie **entdeckte** 1898 das Radium.

to discover
- Marie Curie **discovered** radium in 1898.

die **Erfindung,** Erfindungen *n*
- Der Computer wird oft als eine große **Erfindung** bezeichnet.

invention
- The computer is often called a great **invention**.

erfinden *v-irr*
- Man sagt, dass Alexander Graham Bell das Telefon **erfunden hat**.

to invent
- People say that Alexander Graham Bell **invented** the telephone.

das **System,** Systeme *n*
- Ein Stromkreis ist ein **System** von Kabeln.

system
- An electric circuit is a **system** of wires.

genau *adj*
- Dieses Thermometer ist nicht **genau** genug.

precise
- This thermometer is not **precise** enough.

Natural Resources and Commodities

das **Material,** Materialien *n*	material
das **Holz,** Hölzer *n*	wood
das **Erdöl,** Erdöle *n*	oil
das **Gas,** Gase *n*	gas
das **Eisen,** Eisen *n*	iron
die **Wolle,** Wollen *n*	wool
die **Baumwolle,** Baumwollen *n*	cotton
das **Metall,** Metalle *n*	metal
das **Gold** *n*	gold
das **Silber** *n*	silver
der **Kunststoff,** Kunststoffe *n*	plastic
das **Glas** *n*	glass
das **Leder,** Leder *n*	leather
weich *adj*	soft
hart *adj*	hard
schwer *adj*	heavy
leicht *adj*	light
glatt *adj*	smooth
rau *adj*	rough

Society and State

History

die **Geschichte** *n*
- Die **Geschichte** der englischen Sprache ist faszinierend.

history
- The **history** of the English language is fascinating.

historisch *adj*
- Man sollte das Ereignis in einem **historischen** Kontext betrachten.

historical
- You should look at the event in a **historical** context.

der **König**, die **Königin**, Könige *n*
- In einigen europäischen Staaten gibt es noch einen **König**.

king; queen
- Several European states still have a **king**.

der **Kaiser**, die **Kaiserin**, Kaiser *n*
- In Österreich herrschte von 1804 bis 1918 immer ein **Kaiser**.

emperor; empress
- Austria was ruled by an **emperor** from 1804 until 1918.

die **Monarchie**, Monarchien *n*
- Die Regierung versuchte, die **Monarchie** abzuschaffen.

monarchy
- The government tried to abolish the **monarchy**.

das **Königreich**, Königreiche *n*
- Nordirland gehört zum Vereinigten **Königreich**.

kingdom
- Northern Ireland belongs to the United **Kingdom**.

der **Herrscher**, die **Herrscherin**, Herrscher *n*
- Der **Herrscher** eines afrikanischen Landes besuchte die Firma.
- Der **Herrscher** feierte den 50. Jahrestag seiner Krönung.

monarch; ruler

- The **monarch** of an African country visited the company.
- The **ruler** celebrated the 50th anniversary of his coronation.

herrschen *v*
- Kaiserin Maria Theresia **herrschte** in Österreich von 1740 bis 1780.

to reign
- Empress Maria Theresia **reigned** in Austria from 1740 to 1780.

erobern *v*
- Die Alliierten **eroberten** die Stadt nach dreitägiger Belagerung.

to conquer
- The allied forces **conquered** the town after a three-day siege.

unterwerfen *v-irr*
- König Heinrich **unterwarf** das Volk seiner Herrschaft.

to subject
- King Henry **subjected** the people to his rule.

die **Krone,** Kronen *n*
- Glanzlicht der Ausstellung war die **Krone** von Otto dem Großen.

crown
- The highlight of the exhibition was the **crown** of Otto the Great.

Society

die **Gesellschaft,** Gesellschaften *n*
- Politiker sind in der **Gesellschaft** oft nicht sehr angesehen.

society
- Politicians are often viewed very critically by **society**.

gesellschaftlich *adj*
- **Gesellschaftliche** Probleme wie Arbeitslosigkeit nehmen zu.

social
- **Social** problems, such as unemployment, are increasing.

sozial *adj*
- **Soziales** Engagement ist sehr wichtig für eine Gesellschaft.

social
- **Social** engagement is very important for society.

die **Öffentlichkeit,** Öffentlichkeiten *n*
- Viele Schlösser sind der **Öffentlichkeit** zugänglich und können besichtigt werden.

public
- Lots of castles are open to the **public** and can be visited.

öffentlich *adj*
- Dies ist eine private und keine **öffentliche** Versammlung.

public
- This is a private and not a **public** meeting.

privat *adj*
- Könnte ich Sie **privat** sprechen?

private
- Could I talk to you in **private**?

die **Bevölkerung,** Bevölkerungen *n*
- Deutschland hat eine **Bevölkerung** von etwa 82 Millionen Menschen.

population
- Germany has a **population** of about 82 million people.

der **Reichtum,** Reichtümer *n*
- Der **Reichtum** Saudi-Arabiens stammt von seinem Öl.

wealth
- Saudi Arabia's **wealth** comes from its oil.

reich *adj*
- Mein Onkel war Millionär. Er wurde als Filmproduzent **reich**.

rich
- My uncle was a millionaire. He got **rich** as a film producer.

die **Armut** *n*
- In jeder Großstadt gibt es Viertel mit großer **Armut**.

poverty
- In every city there are districts of great **poverty**.

arm *adj*
- Sie sind zu **arm**, um Nahrung für ihre Kinder zu kaufen.

poor
- They are too **poor** to buy food for their children.

der **Mangel**, **Mängel** *n*
- Menschen aus den Slums erkranken aus **Mangel** an sauberem Wasser.

lack
- People in the slums get sick for **lack** of clean water.

das **Land**, **Länder** *n*
- Viele europäische **Länder** kämpfen mit großen finanziellen Problemen.

country
- Many European **countries** are struggling with severe financial problems.

die **Nation**, **Nationen** *n*
- Die reichen **Nationen** müssen den armen Ländern helfen.

nation
- The rich **nations** must help the poor countries.

die **Nationalität**, **Nationalitäten** *n*
- In vielen Städten kann man Menschen verschiedener **Nationalität** sehen.

nationality
- People of diverse **nationalities** can be seen in many cities.

national *adj*
- Die Bürger bilden eine **nationale** Opposition gegen die Regierung.

national
- The citizens are forming a **national** opposition to the government.

international *adj*
- Interpol ist eine **internationale** Organisation.

international
- Interpol is an **international** organization.

das **Ausland** *n*
- Karen lebt seit fünf Jahren im **Ausland**.

abroad
- Karen has been living **abroad** for five years.

der **Ausländer**, die **Ausländerin**, **Ausländer** *n*
- **Ausländer** brauchen eine Arbeitsgenehmigung.

foreigner
- **Foreigners** need a work permit.

ausländisch *adj*
- Das Land verhindert die Einfuhr **ausländischer** Erzeugnisse.

foreign
- This country blocks the import of **foreign** products.

fremd *adj*
- Die Asylsuchenden kommen aus vielen **fremden** Ländern.

foreign
- The asylum seekers come from many different **foreign** countries.

Religion und Morality

die **Religion**, Religionen *n*
- Das Christentum und der Islam gehören zu den großen **Religionen**.

religion
- Christianity and Islam belong to the great **religions**.

religiös *adj*
- Die Puritaner wanderten aus **religiösen** Gründen nach Amerika aus.

religious
- The Puritans emigrated to America for **religious** reasons.

der **Glaube** *n*
- Nelson Mandela verlor nie den **Glauben** an die Gewaltlosigkeit.

faith
- Nelson Mandela never lost **faith** in non-violence.

glauben *v*
- Viele Religionen **glauben** an ein Leben nach dem Tode.

to believe
- Many religions **believe** in life after death.

der **Gott**, Götter *n*
- Kirchen sind Orte, an denen Menschen zu **Gott** beten.

God
- Churches are places where people pray to **God**.

der **Geist**, Geister *n*
- Maria empfing ihren Sohn durch den Heiligen **Geist**.

spirit
- Mary conceived her son through the Holy **Spirit**.

beten *v*
- Juden gehen in eine Synagoge, um zu **beten**.

to pray
- Jews go to a synagogue to **pray**.

moralisch *adj*
- Adrian ist Kriegsdienstverweigerer aus **moralischen** Gründen.

moral
- Adrian is a conscientious objector on **moral** grounds.

unmoralisch *adj*

immoral

der **Atheist,** die **Atheistin,**
Atheisten n
- Jonas wurde **Atheist,** um von religiösen Zwängen frei zu sein.

atheist
- Jonas became an **atheist** to be free of religious constraints.

existieren v
- Viele Philosophen haben die Frage „**Existiert** Gott?" gestellt.

to exist
- Many philosophers have asked "Does God **exist**?".

Politics

die **Politik,** Politiken n
- Menschen, die sich für **Politik** interessieren, lesen die Zeitung.

politics
- People who are interested in **politics** read the newspaper.

politisch adj
- In Deutschland gibt es sechs große **politische** Parteien.

political
- There are six big **political** parties in Germany.

die **Partei,** Parteien n
- Die Demokraten sind eine der politischen **Parteien** in den USA.

party
- The Democrats are one of the political **parties** in the US.

die **Macht,** Mächte n
- Die Queen hat wenig politische **Macht.**

power
- The Queen has little political **power.**

mächtig adj
- Er soll ein sehr **mächtiger** Politiker sein.

powerful
- He's said to be a very **powerful** politician.

beeinflussen v
- Er hat alles getan, um die Wähler zu **beeinflussen.**

to influence
- He did everything possible to in-**fluence** the voters.

die **Regierung,** Regierungen n
- Die **Regierung** hat eine Million Euro in das Projekt investiert.

government
- The **government** invested EUR 1 million in the project.

regieren v
- Das Land wird von Politikern **regiert.**
- Königin Victoria **regierte** von 1837 bis 1901.

to govern; to reign
- The country is **governed** by politicians.
- Queen Victoria has **reigned** from 1837 to 1901.

die **Opposition,** Oppositionen *n*
- Er verbrachte neun Jahre in der **Opposition,** bis seine Partei gewann.

opposition
- He spent nine years in **opposition** before his party won.

---

der **Präsident,** die **Präsidentin,** Präsidenten *n*
- Der **Präsident** wird alle vier Jahre gewählt.

president
- The **president** is elected every four years.

---

der **Kanzler,** die **Kanzlerin,** Kanzler *n*
- Angela Merkel war die erste deutsche **Kanzlerin.**

chancellor
- Angela Merkel was the first female German **chancellor.**

---

der **Minister,** die **Ministerin,** Minister *n*
- Das Kabinett besteht aus den **Ministern** der Regierung.

minister
- The cabinet is made up of the **ministers** of the government.

---

das **Parlament,** Parlamente *n*
- Viele politische Entscheidungen werden im **Parlament** getroffen.

parliament
- Many political decisions are made in **parliament.**

---

der **Abgeordnete,** die **Abgeordnete,** Abgeordneten *n m-f*
- Er ist **Abgeordneter** des Schweizer Parlaments.

Member of Parliament
- He's a **Member of Parliament** in Switzerland.

---

die **Demokratie,** Demokratien *n*
- Es gibt keine **Demokratie** ohne freie Wahlen.

democracy
- There is no **democracy** without free elections.

---

demokratisch *adj*
- Deutschland ist seit 1949 ein **demokratisches** Land.

democratic
- Germany has been a **democratic** nation since 1949.

---

die **Botschaft,** Botschaften *n*
- Ich kontaktierte die **Botschaft,** als ich meinen Pass verlor.

embassy
- I contacted the **embassy** when I lost my passport.

---

das **Konsulat,** Konsulate *n*
- Vor dem **Konsulat** fand eine große Demonstration statt.

consulate
- There was a big demonstration in front of the **consulate.**

Defence and Security

die **Sicherheit** *n*	safety
▪ Die Regierung wird die **Sicherheit** der Ausländer garantieren.	▪ The government will guarantee the **safety** of foreigners.
sicher *adj*	safe
▪ Nach dem 11. September fühlten sich die Amerikaner nicht **sicher**.	▪ Americans did not feel **safe** after 9/11.
der **Frieden,** Frieden *n*	peace
▪ Fast ganz Europa erlebt seit 1945 **Frieden**.	▪ Most of Europe has enjoyed **peace** since 1945.
friedlich *adj*	peaceful
▪ Die Delegationen fanden eine **friedliche** Lösung der Krise.	▪ The delegations found a **peaceful** solution to the crisis.
das **Heimat(land),** Heimatländer *n*	home (country)
▪ Viele junge Einwanderer nennen Europa jetzt ihre **Heimat**.	▪ Many young immigrants now call Europe **home**.
die **Grenze,** Grenzen *n*	border
▪ In der Europäischen Union gibt es eigentlich keine **Grenzen** mehr.	▪ In the European Union there really aren't any **borders** anymore.
zivil *adj*	civil
▪ Dieser Hubschrauber kann für **zivile** Zwecke genutzt werden.	▪ This helicopter can be used for **civil** purposes.
der **Krieg,** Kriege *n*	war
▪ Viele Menschen leiden immer noch an Hunger und **Krieg**.	▪ Many still suffer from hunger and **war**.
ausbrechen *v-sep-irr*	to break out
▪ Der Zweite Weltkrieg **brach** am 1. September 1939 **aus**.	▪ The Second World War **broke out** on September 1, 1939.
der **Soldat,** die **Soldatin,** Soldaten *n*	soldier
▪ Die **Soldaten** in der US-Armee werden GIs genannt.	▪ The **soldiers** in the US Army are called GIs.
die **Armee,** Armeen *n*	army
▪ 1979 marschierte die sowjetische **Armee** in Afghanistan ein.	▪ In 1979 the Soviet **army** invaded Afghanistan.

der **Kampf,** Kämpfe *n*
- Das Mahnmal gedenkt der Soldaten, die im **Kampf** fielen.

combat
- The monument commemorates the soldiers who died in **combat**.

kämpfen *v*
- Viele ehemalige Kolonien **kämpften** um ihre Unabhängigkeit.

to fight
- Many former colonies **fought** for their independence.

die **Waffe,** Waffen *n*
- Es werden immer noch viele **Waffen** in Krisenregionen exportiert.
- **Waffen** sind hier verboten!

gun; weapon
- Many **guns** are still being exported to crisis regions.
- **Weapons** are forbidden here.

bewaffnet *adj*
- Die Soldaten, die in der Wüste kämpften, waren schwer **bewaffnet**.

armed
- The troops fighting in the desert were heavily **armed**.

schießen, schießt, schoss, hat geschossen *v-irr*
- Die Soldaten haben nicht **geschossen**.

to shoot

- The soldiers did not **shoot**.

der **Konflikt,** Konflikte *n*
- Der **Konflikt** ist im Begriff zu eskalieren.

conflict
- The **conflict** is about to escalate.

der **Terrorismus** *n*
- Der **Terrorismus** hier wird von der lokalen Mafia unterstützt.

terrorism
- **Terrorism** here is supported by the local mafia.

der **Feind,** die **Feindin,** Feinde *n*
- Die Geschichte zeigt, dass aus **Feinden** Freunde werden können.

enemy
- History shows that **enemies** can become friends.

verfolgen *v*
- Die Regierung **verfolgt** seit Jahren ethnische Minderheiten.

to persecute
- The government has been **persecuting** ethnic minorities for years.

der **Flüchtling,** Flüchtlinge *n*
- Die **Flüchtlinge** hatten alles verloren und brauchten Hilfe.

refugee
- The **refugees** had lost everything and needed help.

fliehen, flieht, floh, ist geflohen *v-irr*
- Die Zivilbevölkerung **flieht** aus dem Kampfgebiet.

to flee
- The civilian population is **fleeing** the war zone.

State Institutions and Administration

der **Staat,** Staaten *n*
- Die Separatisten kämpfen für einen freien und unabhängigen **Staat**.

state
- The separatists are fighting for a free and independent **state**.

staatlich *adj*
- Sie erhält eine **staatliche** Rente von 300 Euro.

state
- She's getting a **state** pension of EUR 300.

das **Amt,** Ämter *n*
- Er wurde in das **Amt** des Bürgermeisters gewählt.

office
- He was elected to the **office** of mayor.

amtlich *adj*
- Es ist noch nicht **amtlich**, aber er ist der neue Parteichef.

official
- It isn't **official** yet, but he's the new party leader.

der **Einwohner,** die **Einwohnerin,** Einwohner *n*
- Im Jahr 1905 hatte Berlin über 2 Millionen **Einwohner**.

inhabitant

- In 1905, Berlin had more than 2 million **inhabitants**.

die **Verwaltung,** Verwaltungen *n*
- Ich habe einen Job als Sekretärin in der **Verwaltung** bekommen.

administration
- I got a job as a secretary in the **administration**.

die **Abteilung,** Abteilungen *n*
- Georg arbeitet in der neuen **Abteilung** für Umweltschutz.

department
- Georg works in the new environmental protection **department**.

das **Formular,** Formulare *n*
- Füllen Sie dieses **Formular** aus, wenn sie Waren anzumelden haben.

form
- Fill in this **form** if you have any goods to declare.

ausfüllen *v-sep*
- Wenn Sie sich bewerben wollen, **füllen** Sie dieses Formular **aus**.
- Sie baten alle Passagiere, ein rotes Formular **auszufüllen**.

to fill in; to fill out
- If you want to apply, **fill in** this form.
- They asked all passengers to **fill out** a red form.

die **Unterschrift,** Unterschriften *n*
- Dieser Vertrag ist nur mit zwei **Unterschriften** rechtskräftig.

signature
- This contract is only valid with two **signatures**.

unterschreiben *v-irr*
- Bitte füllen Sie dieses Formular aus und **unterschreiben** Sie es.

to sign
- Please fill in this form and **sign** it.

die **Bescheinigung**, Bescheinigungen *n*
- Alle erhalten eine offizielle **Bescheinigung** am Ende des Kurses.

certificate
- Everyone gets an official **certificate** at the end of the course.

Law and Jurisprudence

das **Gesetz**, Gesetze *n*
- Alkohol am Steuer verstößt gegen das **Gesetz**.

law
- It's against the **law** to drink and drive.

legal *adj*
- In vielen europäischen Staaten ist der Konsum von Alkohol erst ab 18 Jahren **legal**.

legal
- In many European countries the **legal** age for the consumption of alcohol is 18.

illegal *adj*
- Es **illegal**, ohne Visum in das Land einzureisen .

illegal
- It is **illegal** to enter the country without a visa.

das **Gericht**, Gerichte *n*
- Miriam muss als Zeugin vor **Gericht** erscheinen.

court
- Miriam has to appear in **court** as a witness.

der **Prozess**, Prozesse *n*
- Man darf nicht ohne **Prozess** verurteilt werden.

trial
- People must not be condemned without **trial**.

der **Angeklagte**, die **Angeklagte**, Angeklagten *n m-f*
- Der **Angeklagte** wurde zu zehn Jahren Haft verurteilt.

accused
- The **accused** was sentenced to ten years in prison.

anklagen *v-sep*
- Zwei Männer wurden wegen Drogenhandels **angeklagt**.

to accuse
- Two men were **accused** of selling drugs.

der **Zeuge,** die **Zeugin,** Zeugen n ▪ Ein kleiner Junge sah das Verbrechen. Er war der einzige **Zeuge.**	**witness** ▪ A little boy saw the crime. He was the only **witness.**
das **Opfer,** Opfer n ▪ Jack the Ripper brachte alle seine **Opfer** mit einem Messer um.	**victim** ▪ Jack the Ripper killed all his **victims** with a knife.
die **Gerechtigkeit,** **Gerechtigkeiten** n ▪ Martin Luther King kämpfte für Freiheit und **Gerechtigkeit.**	**justice** ▪ Martin Luther King fought for freedom and **justice.**
gerecht adj ▪ Es war eine **gerechte** Entscheidung, ihn einzusperren.	**just** ▪ Sending him to prison was a **just** decision.
ungerecht adj	**unjust**
die **Schuld** n ▪ Der Anwalt war sich der **Schuld** seines Mandanten bewusst.	**guilt** ▪ The lawyer was aware of his client's **guilt.**
schuldig adj ▪ Sie wurde des Mordes für **schuldig** befunden.	**guilty** ▪ She was found **guilty** of murder.
unschuldig adj	**innocent**
die **Freiheit,** Freiheiten n ▪ Der Kampf für **Freiheit** ist universell.	**freedom** ▪ The struggle for **freedom** is universal.
frei adj ▪ Nach dem Freispruch fühlte er sich **frei** und erleichtert.	**free** ▪ After the acquittal he felt **free** and relieved.
die **Strafe,** Strafen n ▪ Die Terroristen werden ihrer **Strafe** nicht entkommen.	**punishment** ▪ The terrorists will not escape **punishment.**
strafbar adj ▪ Abfallverklappung auf See ist eine **strafbare** Handlung.	**criminal** ▪ Dumping waste at sea is a **criminal** offence.
die **Kriminalität** n ▪ Es ist die Aufgabe der Polizei, **Kriminalität** zu verhindern.	**crime** ▪ The job of the police is to prevent **crime.**

der **Kriminelle,** die **Kriminelle,**
Kriminellen n m-f
- Gefängnisse sollten **Kriminelle** bessern, statt sie zu bestrafen.

criminal
- Prisons ought to reform rather than punish **criminals.**

der **Diebstahl,** Diebstähle n
- Gibt es in Ihrer Nachbarschaft viele **Diebstähle** und Einbrüche?

theft
- Are there many **thefts** and burglaries in your neighbourhood?

stehlen, stiehlt, stahl, hat gestohlen
v-irr
- Toms Fahrrad wurde **gestohlen,** während er beim Einkaufen war.

to steal
- Tom's bike was **stolen** while he was shopping.

der **Mord,** Morde n
- Die Terroristen werden wegen **Mordes** gesucht.

murder
- The terrorists are wanted for **murder.**

die **Ermordung,** Ermordungen n
- Die Bevölkerung war wegen der **Ermordung** geschockt.

assassination
- The population was shocked by the **assassination.**

ermorden v
- Er hatte den Mann nicht **ermordet.**

to murder
- He hadn't **murdered** the man.

töten v
- Heute wurden zwei Männer bei einem Autounfall **getötet.**

to kill
- Two men were **killed** in a car accident today.

Time

Times of the Year

das **Jahr,** Jahre n	year
die **Jahreszeit,** Jahreszeiten n	season
der **Frühling** n	spring
das **Frühjahr** n	spring
der **Sommer** n	summer
der **Herbst** n	autumn
der **Winter** n	winter
der **Monat,** Monate n	month
die **Woche,** Wochen n	week
das **Wochenende,** Wochenenden n	weekend

Names of the Months

der **Januar,** der **Jänner** A n	January
der **Februar,** der **Feber** A n	February
der **März** n	March
der **April** n	April
der **Mai** n	May
der **Juni** n	June
der **Juli** n	July
der **August** n	August
der **September** n	September
der **Oktober** n	October
der **November** n	November
der **Dezember** n	December

Days of the Week

der **Montag,** Montage *n*	Monday
der **Dienstag,** Dienstage *n*	Tuesday
der **Mittwoch,** Mittwoche *n*	Wednesday
der **Donnerstag,** Donnerstage *n*	Thursday
der **Freitag,** Freitage *n*	Friday
der **Samstag,** Samstage *n*	Saturday

➡ In southern Germany **Saturday** is normally called **Samstag,** but in northern Germany it's more commonly called **Sonnabend.**

der **Sonntag,** Sonntage *n*	Sunday
der **Feiertag,** Feiertage *n*	bank holiday
der **Werktag,** Werktage *n*	working day

Times of the Day

der **Tag,** Tage *n*	day
täglich *adj*	daily
der **Morgen,** Morgen *n*	morning

➡ A day can be divided up into the following in German: **morgens, vormittags** in the morning, **mittags** at noon, **nachmittags** in the afternoon, **abends** in the evening, **nachts** at night.

morgens *adv*	am
der **Vormittag,** Vormittage *n*	morning
vormittags *adv*	am
der **Mittag,** Mittage *n*	noon
der **Nachmittag,** Nachmittage *n*	afternoon
nachmittags *adv*	pm
der **Abend,** Abende *n*	evening
die **Nacht,** Nächte *n*	night

Telling Time

Uhr *adv*	o'clock

➡ **Uhr** can refer to both **Armbanduhr watch** and **Wanduhr wall clock**. To say **It's five o'clock.** in German, you'd say **Es ist fünf Uhr.**

die **Stunde**, Stunden *n*	hour

➡ In German, **halb** plus the following hour is used to denote the English **half past**, i.e. **halb vier** means **half past three**, **halb acht** means **7.30** etc.

die **halbe Stunde**, halben Stunden *n*	half an hour; half-hour
die **Viertelstunde**, Viertelstunden *n*	quarter of an hour
die **Minute**, Minuten *n*	minute

➡ If you want to say **It's 6:15.** in German, you can either say **Es ist sechs Uhr fünfzehn.** or **Es ist Viertel nach sechs.**

die **Sekunde**, Sekunden *n*	second
Um wie viel Uhr ...? *phrase*	What time ...?
nach *prep*	past
vor *prep*	to
um *prep*	at
Punkt *adv*	sharp

More Expressions of Time

Present, Past and Future

die **Zeit**, Zeiten *n* ▪ Ich würde sehr gern kommen, aber ich habe keine **Zeit**.	time ▪ I'd love to come but I haven't got the **time**.
das **Datum**, Daten *n* ▪ Welches **Datum** haben wir heute? – Den vierzehnten Januar.	date ▪ What's the **date** today? – It's the fourteenth of January.

im Jahr(e)
(or it remains untranslated) *prep*
- Der Vietnamkrieg endete 1975.

in
- The Vietnam War ended **in** 1975.

---

der **Augenblick,** Augenblicke *n*
- Es wird einen **Augenblick** dauern.

moment
- It will take a **moment**.

---

jetzt *adv*
- Warte nicht – handle **jetzt**!

now
- Don't wait – act **now**!

---

in *prep*
- Graham wird sie **in** elf Monaten wiedersehen.

in
- Graham will see her again **in** eleven months.

---

während *prep*
- Ich schaue **während** des Tages nie fern.

during
- I never watch TV **during** the day.

---

heute *adv*
- Wenn Sie den Brief **heute** aufgeben, ist er morgen dort.

today
- If you post the letter **today**, it will get there tomorrow.

---

gestern *adv*
- Ich habe erst **gestern** angefangen.

yesterday
- I only started **yesterday**.

---

vorgestern *adv*
- Die Steaks sind gut. Ich habe sie **vorgestern** gekauft.

the day before yesterday
- The steaks are okay. I bought them **the day before yesterday**.

---

morgen *adv*
- Sie können **morgen** mit dem Chef sprechen. Heute ist er nicht da.

tomorrow
- You can speak to the boss **tomorrow**. He's not here today.

übermorgen *adv*
- Ich werde wahrscheinlich **übermorgen** fertig sein.

the day after tomorrow
- I'll probably be finished by **the day after tomorrow**.

Duration and Frequency

bis, bis (spätestens) *prep*
- Büroangestellte arbeiten meist **bis** 17 Uhr.
- Bitte gebt eure Essays **bis spätestens** Freitag ab.

until; by
- Office workers usually work **until** 5 o'clock.
- Please hand in your essays **by** Friday.

bis *conj*
- Ich kümmere mich um das Baby, **bis** du zurückkommst.

till
- I'll take care of the baby **till** you come back.

lang *prep*
- Ich wohnte ein Jahr **lang** in Amerika.

for
- I lived in America **for** one year.

lang *adj*
- Es ist ein **langer** Flug von Wien nach Sydney.

long
- It's a **long** flight from Vienna to Sydney.

seit *prep*
- Tina ist **seit** einer Woche krank.
- Es ist eine Woche her, **seit** Tina krank wurde.

for; since
- Tina's been ill **for** a week.
- It's been a week **since** Tina fell ill.

von *prep*
- Diese Woche arbeite ich **von** 22 Uhr abends bis 6 Uhr morgens.

from
- This week I'm working **from** 10 pm until 6 in the morning.

schon *adv*
- Susanne kommt nicht mit, sie hat den Film **schon** gesehen.

already
- Susanne isn't coming, she's **already** seen the film.

noch nicht *adv*
- Wo ist Lukas? Ich habe ihn **noch nicht** gesehen.

not yet
- Where's Lukas? I haven**'t** seen him **yet**.

dauern *v*
- Wie lange wird es **dauern**, nach Zürich zu fahren?
- Die Verhandlungen mit dem Zulieferer **dauerten** drei Tage.

to take; to last
- How long will it **take** to drive to Zürich?
- The negotiations with the supplier **lasted** three days.

immer *adv*
- Beim Tennis gewinnt **immer** ein Spieler.

always
- In tennis one player **always** wins.

oft *adv*
- Ich gehe gern ins Theater, aber ich habe nicht **oft** Zeit dazu.

often
- I like the theatre but I don't **often** have time to go.

meistens *adv*
- Wir gehen **meistens** gegen halb elf ins Bett.

usually
- We **usually** go to bed around ten thirty.

manchmal *adv*
- **Manchmal** fährt er mit dem Auto, aber meistens nimmt er den Bus.

sometimes
- **Sometimes** he goes by car but usually he takes the bus.

regelmäßig *adj*
- Die Züge nach Dover verkehren in **regelmäßigen** Abständen.

regular
- Trains to Dover run at **regular** intervals.

schon einmal *adv*
- Waren Sie **schon einmal** in Österreich?

ever
- Have you **ever** been to Austria?

nie *adv*
- Ich habe von ihm gehört, ihn aber noch **nie** gesehen.

never
- I've heard of him but I've **never** seen him.

Early and Late

vor *prep*
- Jonas joggt immer **vor** dem Frühstück.

before
- Jonas always jogs **before** breakfast.

nach *prep*
- Der Unfall geschah exakt 13 Minuten **nach** 3 Uhr nachts.
- Opa macht **nach** dem Essen gern ein Nickerchen.

after
- The accident happened exactly 13 minutes **after** 3 a.m.
- Granddad likes to take a nap **after** dinner.

dann *adv*
- Zuerst sprach der Präsident und **dann** seine Gäste.

then
- First the President spoke and **then** his guests.

früh *adv*
- Entschuldige, dass ich so **früh** komme. Ich konnte nicht warten.

early
- Sorry for being so **early**. I couldn't wait.

zu früh *adv*
- Das Flugzeug kam 20 Minuten **zu früh** an.

early
- The plane arrived 20 minutes **early**.

spät *adv*
- Du kommst **spät**! Wo bist du gewesen?

late
- You're **late**! Where were you?

zu spät *adv*
- Wenn ich den Zug nicht erreiche, komme ich **zu spät**.

late
- If I don't catch the train I'll be **late**.

später *adv*
- Tschüs erst mal, bis **später**.

later
- Bye now, I'll see you **later**.

rechtzeitig *adv*
- Wir kamen gerade **rechtzeitig**, um unseren Zug zu erreichen.

in time
- We arrived just **in time** to catch our train.

bald *adv*
- Hab keine Angst! Deine Mutter ist **bald** wieder da.

soon
- Don't be afraid. Your mother will be back again **soon**.

sofort *adv*
- Schicken Sie **sofort** einen Krankenwagen!
- Warte nicht! Tu es **sofort**!

immediately; at once
- Send an ambulance **immediately**!
- Don't wait! Do it **at once**!

plötzlich *adv*
- Wir wachten auf, als **plötzlich** das Haus anfing zu wackeln.

suddenly
- We woke up when **suddenly** the house began to shake.

zuerst
- Ich habe das alte Auto **zuerst** gesehen.

first
- I saw the old car **first**.

letzter *adj*
- Der **letzte** Zug fährt gegen Mitternacht.

last
- The **last** train leaves around midnight.

schon *adv*
- Susanne kommt nicht mit, sie hat den Film **schon** gesehen.

already
- Susanne isn't coming, she's **already** seen the film.

Chronology

einmal *adv*
- **Einmal** pro Woche geht Christian zum Fußballtraining.

once
- **Once** a week Christian goes to football practice.

zweimal *adv*
- Emma geht **zweimal** die Woche joggen: mittwochs und sonntags.

twice
- Emma goes jogging **twice** a week: on Wednesdays and Sundays.

anfangen *v-sep-irr*
- Lisa **fing an**, etwas zu sagen, aber redete dann nicht weiter.
- Du sollst **anfangen**, für deine Prüfung zu lernen.

to start; to begin
- Lisa **started** to say something but then stopped.
- You should **begin** learning for your exam.

beginnen, beginnt, begann, hat begonnen *v-irr*
- Die Vorstellung **beginnt** um 19 Uhr.
- Ich habe letztes Jahr **begonnen**, eine neue Sprache zu lernen.

to start; to begin
- The performance will **start** at 7 pm.
- Last year, I **began** learning a new language.

aufhören *v-sep*
- Könntet ihr **aufhören** zu reden? Ich versuche nachzudenken.

to finish; to stop
- Could you **stop** talking? I'm trying to think.

enden *v*
- Um wie viel Uhr **endet** die Sendung?

to finish
- What time does the programme **finish**?

beenden *v*
- Sie hat die Beziehung zu ihrem Freund **beendet**.

to end
- She **ended** the relationship with her boyfriend.

das **Ende,** Enden *n*
- Nach dem **Ende** ihrer Ausbildung bekam sie einen guten Job.

end
- After the **end** of her training, she got a good job.

zu Ende *phrase*
- Gehen wir nach Hause. Die Party ist **zu Ende**.

over
- Let's go home. The party's **over**.

anhalten *v-sep-irr*
- Die Polizei **hielt** ihn **an**, weil er zu schnell fuhr.

to stop
- The police **stopped** him because he was driving too fast.

Where and Whereabouts

Expressing Location

die **Seite**, Seiten *n* • In Australien fahren die Autos auf der linken **Seite** der Straße.	**side** • Cars drive on the left **side** of the road in Australia.
rechts *adv* • Biegen Sie an der Kreuzung **rechts** ab!	**right** • Turn **right** at the crossroads.
links *adv* • Die Bibliothek liegt **links** von der Post.	**left** • The library is **left** of the post office.
die **Mitte**, Mitten *n* • Deutschland liegt in der **Mitte** Europas.	**middle** • Germany is in the **middle** of Europe.
vor *prep* • **Vor** dem Kino standen viele Menschen.	**in front of** • Lots of people were standing **in front of** the cinema.
hinter *prep* • Laura versteckte sich **hinter** einem Baum.	**behind** • Laura was hiding **behind** a tree.
neben *prep* • Charlotte ist eine alte Freundin. Sie saß in der Schule **neben** mir. • Als ich den Raum betrat, stand sie **neben** dem Fenster.	**next to; by** • Charlotte's an old friend. She sat **next to** me at school. • When I entered the room she was standing **by** the window.
über *prep* • Das Flugzeug flog weit **über** den Wolken. • Der Hund sprang **über** den Zaun und lief weg.	**above; over** • The plane was flying far **above** the clouds. • The dog jumped **over** the fence and ran away.
unter *prep* • **Unter** der Oberfläche der Wüste liegt viel Öl. • Der größte Teil des Eisberges liegt **unter** der Wasseroberfläche.	**below; under** • There's a lot of oil **below** the surface of the desert. • Most of the iceberg is **under** the surface of the water.

oben *adv*
- Das Bad ist **oben**.

upstairs
- The bathroom is **upstairs**.

unten *adv*
- Die Schlafzimmer sind oben und das Wohnzimmer ist **unten**.

downstairs
- The bedroooms are upstairs and the living room is **downstairs**.

gegenüber *prep*
- Das Klassenzimmer liegt dem Lehrerzimmer **gegenüber**.

opposite
- The classroom is **opposite** the teachers' room.

zwischen *prep*
- Es gibt eine direkte Zugverbindung **zwischen** London und Paris.
- Ich habe endlich mein Fotoalbum **zwischen** meinen Büchern wiedergefunden.

between; among
- There's a direct train service **between** London and Paris.
- I finally found my photo album again **among** my books.

hier *adv*
- Ich wohne **hier** schon mein ganzes Leben.

here
- I've lived **here** all my life.

dort *adv*
- Ich habe versucht, Sie anzurufen, aber Sie waren nicht **dort**.

there
- I tried to call you, but you weren't **there**.

dorthin *adv*
- Ich habe gehört, im Park ist ein Konzert. Gehst du **dorthin**?

there
- I hear there's a concert in the park. Are you going **there**?

irgendwo *adv*
- Versucht ihn zu finden, er muss **irgendwo** sein.

somewhere
- Try to find him, he must be **somewhere**.

nirgendwo *adv*
- Die vermisste Person war **nirgendwo** zu finden.

nowhere
- The missing person was **nowhere** to be found.

überall *adv*
- In Großbritannien findet man **überall** nette Pubs.
- Deine Brille könnte **überall** sein.

everywhere; anywhere
- You can find nice pubs **everywhere** in Britain.
- Your glasses could be **anywhere**.

nach *prep*
- Von hier **nach** Salzburg sind es etwa 400 Kilometer.
- Die Fähre ist heute Morgen **nach** Kiel ausgelaufen.

to; for
- It's about 400 kilometres from here **to** Salzburg.
- The ferry left **for** Kiel this morning.

in (hinein) *prep*
- Es wird kalt, gehen wir lieber **ins** Haus **hinein**.

into
- It's getting cold, let's go **into** the house.

aus (heraus), aus *prep*
- Joe sprang **aus** dem Bett, als der Wecker klingelte.
- Michael ist **aus** Österreich.

out of; from
- Joe jumped **out of** bed when the alarm clock rang.
- Michael comes **from** Austria.

hinauf *adv*
- Lisa ging **hinauf**, um die Kinder ins Bett zu bringen.

up
- Lisa went **up** to put the children to bed.

hinunter *adv*
- Sarah ging in den Keller **hinunter**, um nach der Heizung zu schauen.

down
- Sarah went **down** to the cellar to look at the heating.

um ... herum *prep*
- Monika ging **um** den Tisch **herum**.

round
- Monika walked **round** the table.

um (herum) *adv*
- Die Erde dreht sich **um** die Sonne.

around
- The earth goes **around** the sun.

auf ... zu *prep*
- Ich bekam einen Schreck, als ich den Hund **auf** mich **zulaufen** sah.

towards
- I got a fright when I saw the dog running **towards** me.

durch *prep*
- Unser Zug fährt **durch** den Kanaltunnel.

through
- Our train is going **through** the Channel Tunnel.

die **Richtung,** Richtungen *n*
- Chris läuft in die falsche **Richtung**.

direction
- Chris is walking in the wrong **direction**.

in Richtung *phrase*
- Die Fähre ist heute Morgen **in Richtung** Bremerhaven ausgelaufen.

for
- The ferry left **for** Bremerhaven this morning.

weg *adv*
- Sie stieg in ihren Wagen und fuhr **weg**.

away
- She got into her car and drove **away**.

(hin)über *prep*
- Ein Boot brachte uns **über** den Fluss.

across
- A boat took us **across** the river.

flach *adj*
- Im Norden Deutschlands ist das Land meist **flach**.

flat
- In the north of Germany the land is mostly **flat**.

hoch *adj*
- In den Schweizer Alpen gibt es sehr **hohe** Berge.

high
- There are very **high** mountains in the Swiss Alps.

tief *adj*
- Die Wolken sind sehr **tief**. Es wird regnen.

low
- The clouds are very **low**. It's going to rain.

niedrig *adj*
- Achtung! Die Tür ist sehr **niedrig**.

low
- Watch out! The door is very **low**.

schmal *adj*
- Die Straße ist zu **schmal** für Busse und Lastwagen.

narrow
- The street is too **narrow** for buses and lorries.

nahe *adj*
- Können Sie mir sagen, wo die **nächste** Bushaltestelle ist?

near
- Can you tell me where the **nearest** bus stop is?

weit *adj*
- Wir können zu Fuß hingehen, es ist nicht **weit**.

far
- We can walk there, it isn't **far**.

Movement, Speed and Rest

(sich) bewegen *v*
- Nicht die Tür öffnen, solange sich der Zug **bewegt**!

to move
- Don't open the door while the train's **moving**.

(zu Fuß) gehen *phrase*
- Wir hatten kein Auto, also mussten wir **zu Fuß gehen**.

to walk
- We had no car, so we had to **walk**.

sich (um)drehen *v-sep*
- Ella **drehte sich um** und winkte uns zu.

to turn
- Ella **turned** around and waved at us.

springen, springt, sprang, ist gesprungen *v-irr*
- Springpferde müssen über hohe Zäune **springen** können.

to jump
- Show jumpers must be able to **jump** over high fences.

einsteigen *v-sep-irr*
- Kurz bevor der Zug abfuhr, ist Brenda **eingestiegen**.
- Warum **steigen** Sie nicht in den Wagen **ein** und warten auf mich?

to get on; to get in
- Brenda **got on** the train just before it departed.
- Why don't you **get in** the car and wait for me?

aussteigen *v-sep-irr*
- **Steig** am nächsten Bahnhof **aus**! Ich hole dich ab.
- Kathrin **stieg** aus dem Taxi **aus** und eilte ins Hotel.

to get off; to get out
- **Get off** at the next station. I'll pick you up.
- Kathrin **got out** of the taxi and rushed into the hotel.

schnell *adv*
- Kleine Kinder lernen sehr **schnell**.

quickly
- Young children learn very **quickly**.

schnell *adj*
- Sie ist eine **schnelle**, aber vorsichtige Fahrerin.

fast
- She's a **fast**, but careful driver.

langsam *adj*
- Tim dachte, er würde das Rennen gewinnen, aber er war zu **langsam**.

slow
- Tim thought he would win the race, but he was too **slow**.

sitzen, sitzt, saß, hat gesessen *v-irr*
- Verzeihung, **sitzt** hier schon jemand?

to sit
- Excuse me, **is** anyone **sitting** here?

Arrival and Departure

kommen,
kommt, kam, ist gekommen *v-irr*
- Benjamin möchte, dass du zu seiner
  Geburtstagsfeier **kommst.**

to come
- Benjamin wants you to **come** to his
  birthday party.

(hin)kommen *v-sep-irr*
- Wie kann man da ohne Wagen
  hinkommen?

to get
- How can we **get** there without a
  car?

ankommen *v-sep-irr*
- Gott sei Dank **sind** wir rechtzeitig
  angekommen.
- Der Zug **kommt** um 10.30 Uhr in
  London **an.**

to get; to arrive
- Thank God we **got** there in time.

- The train **arrives** in London at 10.30
  am.

zurückkommen *v-sep-irr*
- Carl ist am 15. abgereist und **wird**
  am 20. **zurückkommen.**

to return
- Carl left on the 15th and **will return**
  on the 20th.

gehen, geht, ging, ist gegangen *v-irr*
- Ich würde gern bleiben, aber ich
  muss jetzt wirklich **gehen.**

to go
- I'd like to stay, but I really have to
  go now.

weggehen *v-sep-irr*
- Um den Bus zu erreichen, muss ich
  um halb acht **weggehen.**

to leave
- I have to **leave** at 7.30 to catch the
  bus.

vorbeifahren *v-sep-irr*
- Barbara winkt mir jedes Mal, wenn
  sie an meinem Haus **vorbeifährt.**

to pass
- Barbara always waves at me when
  she **passes** my house.

sich aufhalten *v-sep-irr*
- Wir **hielten uns** nur wenige Minuten
  am Gipfel **auf.**

to stay
- We **stayed** at the top for only a few
  minutes.

Colours and Shapes

Colours

die **Farbe,** Farben *n*	colour
weiß *adj*	white
schwarz *adj*	black
gelb *adj*	yellow
rot *adj*	red
blau *adj*	blue
orange *adj*	orange
grün *adj*	green
violett *adj*	violet
braun *adj*	brown
grau *adj*	grey
rosa *adj*	pink

Shapes

die **Form,** Formen *n*	shape
der **Kreis,** Kreise *n*	circle
rund *adj*	round
die **Linie,** Linien *n*	line
das **Quadrat,** Quadrate *n*	square
das **Rechteck,** Rechtecke *n*	rectangle
das **Dreieck,** Dreiecke *n*	triangle
eckig *adj*	angular

Numbers and Units of Measurement

Cardinal Numbers

0	null	zero
1	eins	one
2	zwei	two
3	drei	three
4	vier	four
5	fünf	five
6	sechs	six
7	sieben	seven
8	acht	eight
9	neun	nine
10	zehn	ten
11	elf	eleven
12	zwölf	twelve
13	dreizehn	thirteen
14	vierzehn	fourteen
15	fünfzehn	fifteen
16	sechzehn	sixteen
17	siebzehn	seventeen
18	achtzehn	eighteen
19	neunzehn	nineteen
20	zwanzig	twenty
21	einundzwanzig	twenty-one
22	zweiundzwanzig	twenty-two
30	dreißig	thirty
40	vierzig	forty

50	fünfzig	fifty
60	sechzig	sixty
70	siebzig	seventy
80	achtzig	eighty
90	neunzig	ninety
100	(ein)hundert	(one) hundred
1.000 1 000	(ein)tausend	(one) thousand
1.000.000 1 000 000	eine Million	one million
	eine Milliarde	one billion

die Zahl, Zahlen *n*
- Viele glauben, dass die **Zahl** 13 eine Unglückszahl ist.
- Ich kenne die neuesten **Zahlen** nicht.

number; figure
- Many people think that the **number** 13 is an unlucky number.
- I don't know the latest **figures**.

die Nummer, Nummern *n*
- Nehmen Sie den Bus **Nummer** 9 und fahren Sie bis zur Endhaltestelle.

number
- Take the **number** 9 bus and stay on until the last stop.

zählen *v*
- Sandra kann auf Chinesisch von eins bis zehn **zählen**.

to count
- Sandra can **count** from one to ten in Chinese.

Ordinal Numbers

1.	erste(r, -s)	1st first
2.	zweite(r, -s)	2nd second
3.	dritte(r, -s)	3rd third
4.	vierte(r, -s)	4th fourth
5.	fünfte(r, -s)	5th fifth
6.	sechste(r, -s)	6th sixth
7.	sieb(en)te(r, -s)	7th seventh
8.	achte(r, -s)	8th eighth
9.	neunte(r, -s)	9th ninth
10.	zehnte(r, -s)	10th tenth
11.	elfte(r, -s)	11th eleventh
12.	zwölfte(r, -s)	12th twelfth
13.	dreizehnte(r, -s)	13th thirteenth
14.	vierzehnte(r, -s)	14th fourteenth
15.	fünfzehnte(r, -s)	15th fifteenth
16.	sechzehnte(r, -s)	16th sixteenth
17.	siebzehnte(r, -s)	17th seventeenth
18.	achtzehnte(r, -s)	18th eighteenth
19.	neunzehnte(r, -s)	19th nineteenth
20.	zwanzigste(r, -s)	20th twentieth

➡ In German, ordinal numbers, from twenty onwards are formed by attaching the ending **-ste** to the cardinal number, i.e. **zwanzigste, einundzwanzigste, zweiundzwanzigste** ... up to and including **hundertste** and **tausendste**. Ordinal numbers are declined like other adjectives.

Weights and Measurements

der **Meter,** Meter *n*	metre

➡️ The following abbreviations are commonly used in German for units of measure:
cm (Zentimeter), g (Gramm), kg (Kilo or Kilogramm), km (Kilometer),
m (Meter), l (Liter).

der **Zentimeter,** Zentimeter *n*	centimetre
der **Millimeter,** Millimeter *n*	millimetre
der **Kilometer,** Kilometer *n*	kilometre
das **Kilogramm,** Kilogramm, Kilogramme *n*	kilogramme
das **Gramm,** Gramm, Gramme *n*	gram; gramme
die **Tonne,** Tonnen *n*	ton; tonne
der **Liter,** Liter *n*	litre
das **Grad** *n*	degree

Categories

die **Art,** Arten *n* — kind
- Welche **Art** Musik hört sie gern? — What **kind** of music does she like?

die **Sorte,** Sorten *n* — sort; type
- In England kann man viele verschiedene **Sorten** Tee kaufen. — In England you can buy many different **sorts** of tea.
- Ich habe zwei **Sorten** Kaffee gekauft. — I bought two **types** of coffee.

die **Qualität,** Qualitäten *n* — quality
- Es kostet mehr, ist aber auch bessere **Qualität**. — It costs more but it's also better **quality**.

die **Klasse,** Klassen *n* — class
- Reisen Sie erster oder zweiter **Klasse**? — Are you travelling first or second **class**?

die **Reihenfolge,** Reihenfolgen *n* — order
- Die Namen auf der Liste stehen in keiner besonderen **Reihenfolge**. — The names on the list are in no particular **order**.

Quantities

einige *pron*
- Es waren **einige** Leute da.
- Wir aßen **einige** Kräcker und tranken Tee.

a few; some
- There were **a few** people there.
- We had **some** crackers and tea.

➡ The expressions **mehrere** and **einige** are used when you are talking about more than two things but you are not exactly sure how many.

etwas, (irgend)etwas *pron*
- Könnte ich bitte noch **etwas** Brot haben?
- Hast du Geld?
- Wir können nach der Vorstellung **etwas** essen.
- Kann ich **etwas** für Sie tun?

some; any; something; anything
- Could I have **some** more bread, please?
- Have you got **any** money?
- We can eat **something** after the show.
- Is there **anything** I can do for you?

➡ **Etwas** is used in German to describe an unspecified amount of a whole: **Ich hätte gerne etwas Wasser. I'd like some water. Gibt es noch etwas Brot? Is there some bread left?**

irgendein(e) *pron*
- Haben Sie **irgendeine** Information über diese Orte?
- Ich hoffe, wir können **irgendeine** Lösung finden.

any; some
- Have you got **any** information about these places?
- I hope we can find **some** kind of solution.

irgendwelche *pron*
- Sind Briefe für mich angekommen?

any
- Are there **any** letters for me?

viel *pron*
- Danke, ich möchte nicht so **viel** Saft.

much
- I don't want that **much** juice, thank you.

viel(e), viele *pron*
- Es gibt **viele** Parks in der Gegend.
- Ich habe nicht **viele** CDs, aber ich habe viele Bücher.

a lot of; many
- There are **a lot of** parks in the area.
- I haven't got **many** CDs but I've got a lot of books.

wenig, wenig(e) *pron*
- Mary hatte sehr **wenig** Geld im Portemonnaie.
- Viele Menschen werden 80 Jahre, aber **wenige** werden 100 Jahre alt.

little; few
- Mary had very **little** money in her purse.
- Many people live to be 80, but **few** live to be 100.

alle *pron*
- Jane hat **alle** ihre Freunde eingeladen.

all; everybody; everyone
- Jane has invited **all** her friends.

alles *pron*
- Wir haben **alles** für ein Picknick eingekauft.

everything
- We bought **everything** for a picnic.

jeder(mann) *pron*
- In kleinen Dörfern kennt **jeder jeden**.
- **Jeder** darf eine Tafel Schokolade haben.

everybody; everyone
- In small villages **everybody** knows **everybody** else.
- **Everyone** can have a chocolate bar.

jede(r, -s) *pron*
- Wir haben fünf Zimmer, **jedes** mit eigenem Bad.
- Wir besuchen Oma **jeden** Tag.

each; every
- We have five rooms, **each** with its own bathroom.
- We go to see Grandma **every** day.

jemand, (irgend)jemand *pron*
- **Jemand** hat mir Salz in den Kaffee getan.
- Hat **irgendjemand** meinen Taschenrechner gesehen?
- Da ist **jemand**, der dich sprechen will.

someone; anyone; somebody
- **Someone**'s put salt in my coffee.
- Has **anyone** seen my pocket calculator?
- There's **somebody** who wants to talk to you.

niemand *pron*
- Ich habe angerufen, aber **niemand** ging ans Telefon.

nobody
- I called but **nobody** answered the phone.

kein(e) *pron*
- Er hat **keine** Informationen über diese Gegend.

any
- He hasn't **any** information about this area.

kein(e) *pron*
- Es gab nicht genügend Ärzte und **keine** Krankenhäuser.

no
- There were not enough doctors, and **no** hospitals.

nichts *pron*
- Der Safe ist leer. Es ist **nichts** darin.

nothing
- The safe's empty. There's **nothing** in it.

noch ein(e) *pron*
- Möchten Sie **noch eine** Tasse Tee?

another
- Would you like **another** cup of tea?

ein bisschen *adv*
- Ich bin **ein bisschen** müde und lege mich etwas hin.

a bit
- I'm **a bit** tired and am going to lie down for a while.

genug *pron*
- Es gibt nicht **genug** zu essen in unserem Kühlschrank.

enough
- There isn't **enough** to eat in our fridge.

ungefähr *adv*
- New York City hat **ungefähr** acht Millionen Einwohner.

about
- New York City has **about** eight million inhabitants.

über *prep*
- Wir empfangen **über** 400 Fernsehkanäle.

over
- We receive **over** 400 TV channels.

das **Stück,** Stücke *n*
- Zum Nachtisch können Sie Eis und ein **Stück** Apfelkuchen haben.

piece
- For dessert you can have ice cream and a **piece** of apple pie.

beide *pron*
- Seine Eltern sind **beide** Lehrer.

both
- **Both** of his parents are teachers.

das **Paar,** Paare *n*
- Die Socken, die du anhast, sind kein **Paar.**

pair
- The socks you are wearing aren't a **pair.**

die **Gruppe,** Gruppen *n*
- Die **Gruppe** besteht nur aus Frauen – sogar eine Drummerin.

group
- The **group** consists only of women – even a female drummer.

Differences and Classifications

der **Teil,** Teile *n*
- Diese **Teile** eines Autos müssen regelmäßig kontrolliert werden.

part
- These **parts** of a car must be checked regularly.

das **Gegenteil,** Gegenteile *n*
- Das **Gegenteil** von interessant ist langweilig.

opposite
- The **opposite** of interesting is boring.

der **Unterschied,** Unterschiede *n*
- Ich sehe keinen **Unterschied** zwischen dem Original und der Kopie.

difference
- I see no **difference** between the original and the copy.

normal *adj*
- Die **normale** Arbeitszeit geht in Großbritannien von 9 bis 17 Uhr.

normal
- **Normal** working hours in Britain are from nine to five.

wie *prep*
- Es sieht aus **wie** Gold, ist aber keines.

like
- It looks **like** gold but it isn't.

(genau)so ... wie *conj*
- Robert ist **genauso** intelligent **wie** sein Lehrer.

as ... as
- Robert's **as** intelligent **as** his teacher.

als *prep*
- Leon ist erst 15, aber größer **als** sein Vater.
- Alex ist Lehrer, arbeitet aber **als** Fußballtrainer.

than; as
- Leon's only 15, but taller **than** his father.
- Alex is a teacher but he works **as** a football coach.

zusammen *adv*
- Die ganze Familie war endlich wieder **zusammen**.

together
- The family were all **together** again at last.

nur *adv*
- Wir waren **nur** zu zweit gegen fünf von ihnen.

only
- There were **only** two of us against five of them.

Cause, Effect and Manner

die **Art und Weise** *phrase*
- Weniger zu essen, ist die beste **Art und Weise** abzunehmen.

way
- Eating less is the best **way** to lose weight.

der **Grund, Gründe** *n*
- Ich verstehe deine **Gründe**, aber du solltest dich entschuldigen.

reason
- I understand your **reasons**, but you should apologize.

um ... zu *conj*
- American-Football-Spieler tragen Helme, **um** ihren Kopf **zu** schützen.
- Papa nahm die Uhr auseinander, **um** sie **zu** reparieren.

(in order) to
- American football players wear helmets **to** protect their heads.
- Dad took the clock apart **in order to** repair it.

weil *conj*
- Du bekommst keinen Führerschein, **weil** du noch nicht 17 bist.

because
- You can't get a driving licence **because** you aren't 17 yet.

wie *conj*
- Es spielt keine Rolle, was man sagt, sondern **wie** man es sagt.

how
- It doesn't matter what you say but **how** you say it.

fast *adv*
- Sue hatte einen schweren Unfall und wäre **fast** gestorben.
- Nur noch ein paar Tage, unsere Ferien sind **fast** vorbei.

nearly; almost
- Sue had a serious accident and very **nearly** died.
- Only a few more days, our holiday is **almost** over.

kaum *adv*
- Sie haben ihren Lehrer gern, aber **kaum** etwas gelernt.

hardly
- They like their teacher but have **hardly** learned anything at all.

auch *adv*
- Ich kenne das Buch und habe **auch** den Film gesehen.
- Linda spricht Englisch und Französisch und **auch** etwas Deutsch.

too; also
- I know the book and I've seen the film **too**.
- Linda speaks English and French and **also** a little German.

Function Words

Interrogative Pronouns

wann *pron*
- **Wann** kommen wir an?

when
- **When** do we arrive?

warum *pron*
- **Warum** kommst du nicht für eine Minute rauf?

why
- **Why** don't you come up for a minute?

was *pron*
- **Was** hast du gestern Abend gemacht?

what
- **What** did you do last night?

welche(r, -s) *pron*
- **Welches** Buch willst du?

which
- **Which** book do you want?

wer *pron nom*
- **Wer** hat dir das gesagt?

who
- **Who** told you that?

wen *pron acc*
- **Wen** siehst du dort?

who
- **Who** can you see there?

wem *pron dat*
- **Wem** willst du etwas schenken?

who
- **Who** do you want to give something to?

wie *pron*
- **Wie** komme ich zum Bahnhof?

how
- **How** do I get to the station?

wo *pron*
- **Wo** wohnst du?

where
- **Where** do you live?

wohin *pron*
- **Wohin** gehst du, David?

where
- **Where** are you going, David?

Prepositions

mit *prep*
- Möchtest du deinen Kaffee **mit** oder ohne Zucker?

with
- Do you want your coffee **with** or without sugar?

---

ohne *prep*
- **Ohne** Luft kann man nicht atmen.

without
- You can't breathe **without** air.

---

als *prep*
- Alex ist Lehrer, arbeitet aber **als** Fußballtrainer.

as
- Alex is a teacher but he works **as** a football coach.

---

zwischen *prep*
- Es gibt eine direkte Zugverbindung **zwischen** London und Paris.

between
- There's a direct train service **between** London and Paris.

---

von ... nach *prep*
- Wir flogen **von** New York **nach** Denver.

from ... to
- We flew **from** New York **to** Denver.

---

von ... bis *prep*
- Das Spiel dauerte **von** acht **bis** zehn.

from ... to
- The game lasted **from** eight **to** ten.

---

für *prep*
- Ich habe ein kleines Geschenk **für** dich.

for
- I've got a little present **for** you.

über *prep*
- Lass uns jetzt nicht **über** Geld sprechen!

about
- Let's not talk **about** money now.

---

von (not usually translated in the genitive form) *prep*
- Er hat mir nichts **von** seinen finanziellen Problemen gesagt.
- Ich liebe die Farbe ihres Haares.
- Elisabeth I. wurde 1558 Königin **von** England.
- „Hamlet" wurde **von** Shakespeare geschrieben.

about; of; by

- He didn't tell me **about** his financial problems.
- I love the colour **of** her hair.
- Elizabeth I became Queen **of** England in 1558.
- "Hamlet" was written **by** Shakespeare.

---

an *prep*
- Robert stand **an** der Bushaltestelle.
- **An** allen Wänden hängen schöne Bilder.

at; on
- Robert was standing **at** the bus stop.
- There are beautiful pictures **on** all the walls.

in _prep_
- Wo ist Sarah? Sie ist nicht **in** der Schule.
- Bewahre Eier immer **im** Kühlschrank auf!

at; in
- Where's Sarah? She's not **at** school.
- Always keep eggs **in** the refrigerator!

---

durch _prep_
- Ian wurde **durch** ein Auto verletzt.

by
- Ian was injured **by** a car.

---

innerhalb _prep_
- Sie werden **innerhalb** der nächsten Stunde ankommen.

within
- They'll arrive **within** an hour.

---

nach _prep_
- **Nach** der Statistik passieren die meisten Unfälle in der Küche.

according to
- **According to** statistics, most accidents happen in the kitchen.

---

statt _prep_
- Man kann Margarine **statt** Butter verwenden.

instead of
- You can use margarine **instead of** butter.

---

trotz _prep_
- Sie gingen **trotz** des Sturms segeln.

in spite of
- They went sailing **in spite of** the storm.

Conjunctions

und _conj_
- Ich bin müde **und** hungrig.

and
- I'm tired **and** hungry.

---

oder _conj_
- Sie können Kaffee **oder** Tee haben.

or
- You can have coffee **or** tea.

---

aber _conj_
- Das Restaurant ist teuer, **aber** sehr gut.

but
- The restaurant is expensive **but** very good.

---

sondern _conj_
- Er ist nicht 50, **sondern** 60 Jahre alt.

but
- He's isn't 50 **but** 60 years old.

---

dass _conj_
- Wir sind glücklich, **dass** den Kindern nichts geschehen ist.

that
- We're happy **that** the children are safe.

wenn *conj*
- Wir gehen morgen joggen, **wenn** es nicht regnet.

if
- We're going jogging tomorrow **if** it doesn't rain.

ob *conj*
- Ich weiß nicht, **ob** Lily kommt oder nicht.

if
- I don't know **if** Lily's coming or not.

Auxiliary and Modal Verbs

haben, hat, hatte, hat gehabt *v-aux*
- Ich **habe** neue Teller gekauft.

have; have got
- I **have** bought some new plates.

➡ A synonym of **haben** as a full verb is **besitzen: Ich habe Teller = Ich besitze Teller.**

sein, ist, war, ist gewesen *v-aux*
- Er **ist** zu der besten Staatsanwältin gegangen?

have
- He **has** gone to the best public prosecutor?

➡ **Sein** can also be a full verb meaning **to be: Frau Dieter ist Ärztin.**

werden,
wird, wurde, ist geworden *v-aux*
- Anna und Paul **werden** morgen ein neues Auto kaufen.
- Der Hund **wird** gerade gefüttert.

to be going to; will; be

- Anna and Paul **are going** to buy a new car tomorrow.
- The dog **is** just **being** fed.

dürfen, darf, durfte, hat gedurft *v-irr*
- **Darf** ich jetzt nach Hause gehen?

can
- **Can** I go home now?

➡ The negative form **nicht dürfen** can be translated as **cannot** or **not to be allowed: Sie dürfen hier nicht parken! You are not allowed to park here!**

können,
kann, konnte, hat gekonnt *v-irr*
- **Können** Sie mir sagen, wie man dahin kommt?

can; be able to

- **Can** you tell me how to get there?

mögen,
mag, mochte, hat gemocht *v-irr*
- **Magst** du Kartoffelbrei?

to like

- Do you **like** mashed potato?

➡ The negative form of this modal verb is **nicht mögen**, which translates as **do not like, do not want: Nein, ich möchte jetzt nicht mit dir telefonieren. No, I don't want to phone you now.**

müssen,
muss, musste, hat gemusst *v-irr*
- Ich **muss** jetzt nach Hause gehen.
- Es **muss** doch heute Abend etwas Interessantes im Fernsehen geben.

to have to; must

- I **have to** go home now.
- There **must** be something interesting on TV tonight.

sollen, soll, sollte, hat gesollt *v-irr*
- **Soll** ich das Fenster öffnen?

shall

- **Shall** I open the window?

wollen, will, wollte, hat gewollt *v-irr*
- **Willst** du mich in Wien besuchen kommen?

to want

- Do you **want** to come and visit me in Vienna?

Countries

Europa n	**Europe**
europäisch adj	**European**
der **Europäer**, die **Europäerin**, **Europäer** n	**European**
Deutschland n	**Germany**
deutsch adj	**German**
Deutsch n	**German**
der **Deutsche**, die **Deutsche**, **Deutschen** n m-f	**German**
Österreich n	**Austria**
österreichisch adj	**Austrian**
der **Österreicher**, die **Österreicherin**, **Österreicher** n	**Austrian**
die **Schweiz** n	**Switzerland**
schweizerisch adj	**Swiss**
der **Schweizer**, die **Schweizerin**, **Schweizer** n	**Swiss**
Großbritannien n	**Great Britain**
britisch adj	**British**
der **Brite**, die **Britin**, **Briten** n	**Briton**
England n	**England**
englisch adj	**English**
Englisch n	**English**
die **Engländer** n pl	the **British**
der **Engländer**, **Engländer** n m	**Englishman**
die **Engländerin**, **Engländerinnen** n f	**Englishwoman**
Irland n	**Ireland**

irisch *adj*	Irish
die **Iren** *n pl*	the **Irish**
der **Ire, Iren** *n*	**Irishman**
die **Irin, Irinnen** *n*	**Irishwoman**
Schottland *n*	**Scotland**
schottisch *adj*	**Scottish**
der **Schotte,** die **Schottin, Schotten** *n*	**Scot**
Amerika *n*	**America**
amerikanisch *adj*	**American**
der **Amerikaner,** die **Amerikanerin, Amerikaner** *n*	**American**
die **Vereinigten Staaten** *n pl*	the **United States**
die **USA** *n pl*	the **United States**
US-amerikanisch *adj*	**American**
Afrika *n*	**Africa**
afrikanisch *adj*	**African**
der **Afrikaner,** die **Afrikanerin, Afrikaner** *n*	**African**
Asien *n*	**Asia**
asiatisch *adj*	**Asian**
der **Asiate,** die **Asiatin, Asiaten** *n*	**Asian**
Australien *n*	**Australia**
australisch *adj*	**Australian**
der **Australier,** die **Australierin, Australier** *n*	**Australian**

A

Abend   157
Abendessen   99
Abendgesell-
   schaft   81
aber   182
abfahren   108
Abfahrt   115
Abfallkorb   70
Abgeordnete   149
Abonnement   128
abreisen   108
absagen   109
abschließen   106
Abschluss   61
abspeichern   135
abstürzen   56
Abteil   116
Abteilung   68, 152
abtrocknen   57
abwaschen   106
abwesend   62
Adjektiv   63
Adresse   14
Adverb   63
Afrika   186
Afrikaner(in)   186
afrikanisch   186
Agentur   137
akzeptieren   39
Alarm   57
Alkohol   97
All   123
alle   176
allein   33
alles   176
Alles Gute!   79
Alles klar!   43
Alphabet   63
als   178, 181
alt   27
Alter   27
am besten   61
Amerika   186
Amerikaner(in)   186
amerikanisch   186
Ampel   119
Amt   152
amtlich   152
amüsant   81
amüsieren (sich)   81
an   181
anbauen   140

anbieten   87
an der Reihe sein   89
anfangen   163
Angebot   87
Angeklagte   153
angeln   86
angenehm   31
angestellt   71
Angestellte   71
Angst   32
anhaben   19
anhalten   163
Anhang   131
anklagen   153
ankommen   169
Ankunft   115
anmelden (sich)   62
Anmeldung   62
annehmen   50
anprobieren   19
Anruf   130
anrufen   130
anschauen   33
ansehen (sich)   78
anstehen   89
Anstellung   71
anstrengend   47
antik   77
Antwort   36
antworten   36
Anwältin   69
anwesend   62
anziehen   19
Anzug   20
Apartment   102
Apfel   94
Apfelwein   97
Apotheker(in)   69
Appetit   91
Aprikose   94
April   156
Arbeit   67
arbeiten   67
arbeiten als   67
Arbeiter(in)   71
Arbeitgeber(in)   71
arbeitslos   71
Arbeitslosigkeit   71
Arbeitsplatz   67
Ärger   41
ärgerlich   41
arm   146
Arm   51
Armband   21

Armbanduhr   21
Armee   150
Armut   146
Artikel   128
Art   174
Art und Weise   179
Ärztin   69
Asiate   186
Asiatin   186
asiatisch   186
Asien   186
Assistent(in)   69
Atheist(in)   148
Atlantik   122
attraktiv   17
auch   179
Aufführung   78
aufgeben   127
aufhalten (sich)   169
aufhören   163
aufladen   132
aufnehmen   129
aufräumen   102
aufregen (sich)   41
aufstehen   46
Auftrag   137
Auf Wieder-
   hören!   130
Auf Wiederluege!   42
Auf Wieder-
   sehen!   42
auf … zu   166
Aufzug   103
Auge   51
Augenblick   159
August   156
aus   166
ausbilden   66
Ausbildung   66
ausbrechen   150
auschecken   110
ausdrucken   135
Ausflug   111
ausführen   136
ausfüllen   152
Ausgabe   128
Ausgang   103
ausgeben   88
ausgehen   80
aus heraus   166
Auskunft   115
Ausland   146
Ausländer(in)   146
ausländisch   147

auslaufen   118
ausleihen (sich)   50
ausloggen   132
ausschalten   104
aussehen   17
Aussehen   17
Aussprache   64
aussprechen   65
aussteigen   168
Ausstellung   77
aussuchen   87
Australien   186
Australier(in)   186
australisch   186
ausverkauft sein   88
auswählen   87
Ausweis   109
ausziehen   19
Auto   118
Autobahn   113

B

Baby   27
backen   92
Bäckerei   90
Bäckerin   69
Bad   103
Badeanzug   20
Badehose   20
baden   57
Badewanne   105
Bahnhof   115
Bahnsteig   116
bald   162
Balkon   104
Ball   82
Bank   137
Bargeld   137
Bass   76
basteln   86
Bauch   51
bauen   101
Bauernhof   140
Baum   120
Baumwolle   143
Baustelle   102
beantworten   36
bedanken (sich)   37
bedeuten   64
Bedeutung   64
Bedien dich!   43
bedienen   87

Bedienen Sie sich! 43
beeinflussen 148
beenden 45, 163
beerdigen 28
Beerdigung 28
Befehl 38
befehlen 38
befreundet sein mit
  j-m 25
beginnen 163
behalten 49
behandeln 55
Behandlung 55
behindert 54
Behinderte 54
beide 177
Bein 51
Beispiel 60
Bekleidungsge-
  schäft 90
bekommen 49
bemerken 30
bemühen (sich) 47
benutzen 44
Benutzerkonto 132
Benutzername 132
Benzin 119
bequem 104
bereit erklären (sich)
  48
Berg 121
bergsteigen
  gehen 83
Beruf 67
berühmt 85
berühren 33
beschäftigt 67
Bescheinigung 153
beschweren (sich) 42
besetzt 130
besichtigen 111
Besichtigung 111
Besitz 49
besitzen 49
besser 61
besuchen 26, 62
beten 147
betroffen 28
betrunken 54
Bett 105
Bevölkerung 145
bewaffnet 151
bewegen 168
bewegen (sich) 168

bewerben (sich) 72
Bewerbung 71
bewölkt 124
bewusstlos 54
bezahlen 100
Bezahlung 72
Bibliothek 74
Bier 97
bieten 87
Bikini 20
Bild 77
Bildschirm 134
Billett 114
billig 88
biologisch
  angebaut 141
Birne 94
bis 160
Bis dann! 42
Bis morgen! 42
Bis später! 42
bis spätestens 160
bitte 37
bitten 36
blasen 125
Blatt 70, 120
blau 170
Blick 33
Blitz 85
Blog 133
blond 18
Blume 120
Bluse 20
Blut 51
bluten 54
Bonbon 96
Boot 117
Botschaft 149
Boutique 90
Brand 56
Braten 98
brauchen 44
braun 170
brav 15
brechen (sich) 53
brennen 126
Breze 93
Brief 127
Briefmarke 127
Brille 21
bringen 49
Brite 185
Britin 185
britisch 185

Brot 93
Brötchen 93
Brotzeit 98
Brücke 113
Bruder 22
Brust 51
Buch 74
buchen 109
Buchhandlung 90
Buchstabe 63
buchstabieren 63
Bühne 78
Büro 70
Bürostuhl 70
bürsten 58
Bus 114
Butter 95

C
Café 98
Camping 110
Campingplatz 110
Cappuccino 97
CD 76
CD-Spieler 76
Cent 138
Charakter 15
chatten 133
Chef(in) 68
Coca-Cola® 97
Cola® 97
Computer 134
Couch 105
Cousin 22
Cousine 22
Creme 58

D
Dach 102
Danke! 37
Danke, gut. 43
danken 37
Danke schön! 37
dann 161
das heißt 40
Das macht nichts. 43
dass 182
Datei 135
Daten 135
Daten herunter-

laden 132
Datum 158
dauern 160
Decke 103, 105
Demokratie 149
demokratisch 149
den Haushalt
  machen 106
denken 29
deutsch 185
Deutsch 185
Deutsche 185
Deutschland 185
Dezember 156
dick 18
Diebstahl 155
Dienstag 157
Diesel 119
digital 135
Digitalkamera 85
Ding 44
Disko 81
Diskussion 39
diskutieren 39
doch 36
Dollar 139
Dom 111
Donnerstag 157
Doppelzimmer 110
Dorf 112
dort 165
dorthin 165
draußen 103
drehen 45
drehen (sich) 168
Dreieck 170
Drink 97
drinnen 103
Drogerie 90
drücken 45
Drucker 134
duften 34
dumm 16
Dummheit 16
düngen 141
Dünger 141
dunkel 18
dünn 18
durch 166, 182
durchgehend 116
dürfen 38, 183
Durst 91
durstig 91
Dusche 105

duschen 57
Duschgel 58
DVD 78
DVD-Player 78

E

EC-Karte 137
eckig 170
E-Gitarre 76
Ehe 24
Ehefrau 24
Ehemann 24
ehrlich 16
Ei 96
eigen 49
Eigentum 101
ein bisschen 177
einchecken 110
Eindruck 30
einfach 62
einfügen 135
einführen 137
Eingang 103
einige 175
Einigung 39
einkaufen gehen 87
Einkaufstasche 89
Einkaufszentrum 90
einladen 26
einloggen 132
einmal 163
einschalten 104
einsteigen 168
einstellen 71
Eintritt 111
Eintrittskarte 78
einverstanden
  sein 39
Einwohner(in) 152
Einzelzimmer 110
Eis 96, 126
Eisen 143
Eisenbahn 115
Eiswürfel 97
elektrisch 142
Eltern 22
E-Mail 131
E-Mail-Adresse 131
E-Mail-Anhang 131
Empfehlung 39
Ende 163
enden 163

Energie 142
eng 19
England 185
Engländer 185
Engländerin 185
englisch 185
Englisch 185
entdecken 142
Entdeckung 142
entfernen 45
entscheiden (sich) 47
Entscheidung 47
Entschuldigung. 37
Erdapfel 94
Erdbeben 126
Erdbeere 94
Erdboden 121
Erde 123
Erdgeschoss 102
Erdöl 143
erfinden 143
Erfindung 142
erfreut 31
erhalten 50
erhöhen 139
erinnern (sich) 29
Erinnerung 29
erkälten (sich) 53
Erkältung 52
erklären 35
Erklärung 35
erlauben 38
Erlaubnis 38
ermorden 155
Ermordung 155
erneuerbare
  Energien 142
Ernte 141
ernten 141
erobern 144
Ersparnisse 138
erster Stock 102
erster
  Weihnachtstag 80
erwachsen 27
Erwachsene 27
erwarten 30
erzählen 35
Erzählung 74
Espresso 97
essen 91
Essig 96
Esszimmer 103
Etage 102

etwas 175
Euro 138
Europa 185
Europäer(in) 185
europäisch 185
existieren 148

F

Fach 66
Fähre 118
fahren 118
Fahrer(in) 118
Fahrgast 114
Fahrkarte 114
Fahrkarten-
  schalter 115
Fahrplan 115
Fahrrad 118
Fahrrad fahren 118
fair 84
fallen 46
falsch 60
Familie 22
Familienname 14
fangen 83
Farbe 170
Fasching 80
fast 179
Fastnacht 80
faul 15
Feber 156
Februar 156
fehlen 63
Fehler 60
Fehler machen 60
Fehlermeldung 135
feiern 79
Feiertag 157
feige 16
Feind(in) 151
Feld 140
Fenster 103
Ferien 108
fernsehen 128
Fernsehen 128
Fernseher 128
fertig 46
Fest 79
Festplatte 134
Feuer 126
Feuerwehr 57
Feuerzeug 107

Fieber 53
Figur 17
Film 78
finanziell 138
finden 45
Finger 51
Firma 136
Fisch 95, 120
flach 167
Flasche 93
Flatrate 131
Fleisch 95
fliegen 117
fliehen 151
Flöte 76
Flüchtling 151
Flug 117
Fluggesellschaft 117
Flughafen 117
Flugplan 117
Flugsteig 117
Flugzeug 117
Fluss 122
Föhn 107
fordern 72
Forderung 72
Form 170
Formular 152
Foto 85
Fotoapparat 85
fotografieren 85
Fotokopie 70
Frage 36
fragen 36
fragen (sich) 29
Frau 13
frei 154
Freiheit 154
Freitag 157
Freizeit 85
fremd 147
Fremdsprache 64
Freude 31
freuen (sich) 31
Freund(in) 25
freundlich 15
Freundschaft 25
Frieden 150
Friedhof 113
friedlich 150
frisch 92
Friseur(in) 69
Frisur 18
froh 31

Frohe Ostern!   79
Frohe Weihnachten!   79
Frucht   94
fruchtbar   140
früh   161
Frühjahr   156
Frühling   156
Frühstück   99
frühstücken   99
fühlen (sich)   31
führen   111
Führerschein   118
Führung   111
funktionieren   141
für   181
fürchten (sich)   32
Fuß   51
Fußball   83
Fußboden   103

G

Gabel   107
Galerie   77
Gang   99
Garage   104
Garnele   95
Garten   103
Gas   143
Gast   26
Gasthaus   98
Gaststätte   98
Gebäude   102
geben   49
Gebiet   121
Gebirge   121
geboren werden   27
Gebrauch   44
gebraucht   88
Geburt   26
Geburtstag   79
Gedanke   29
Geduld   16
Gefahr   56
gefährlich   56
gefallen   87
Gefallen   48
Gefühl   31
gegen   40
Gegenteil   178
gegenüber   165
Gegner(in)   84

Gehalt   72
gehen   168, 169
Gehirn   51
Gehweg   113
Geige   76
Geist   147
gelb   170
Geld   137
Geldschein   138
gemeinsam   25
Gemüse   94
genau   40, 143
genauso … wie   178
Genehmigung   38
genießen   81
genug   177
geöffnet   87
Gepäck   109
Geräusch   33
gerecht   154
Gerechtigkeit   154
Gericht   98, 153
Geruch   34
Gesäß   51
Geschäft   90
Geschäfte
  machen   136
Geschäfts-
  führer(in)   68
Geschäftsleitung   68
Geschenk   79
Geschichte   74, 144
geschieden   14
Geschirr   107
geschlossen   87
Geschwister   22
Gesellschaft   145
gesellschaftlich   145
Gesetz   153
Gesicht   17
Gespräch   34
gestern   159
gesund   52
Gesundheit   52
gesund werden   52
Getränk   97
Getreide   120
getrennt   14
Gewerkschaft   73
gewinnen   84
Gewitter   125
gewöhnt sein an   16
gießen   141
Gipfel   121

Gitarre   76
Glas   107, 143
glatt   143
Glaube   147
glauben   147
Gleis   116
Glück   31, 85
glücklich   31
Glücksspiele
  spielen   85
Glückwunsch!   79
Gold   143
Gott   147
Grab   28
Grad   174
Gramm   174
Grammatik   63
Gras   120
gratulieren   79
grau   170
Grenze   150
groß   17
Großbritannien   185
Großeltern   22
Großmutter   22
Großvater   22
grün   170
Grund   179
Grundstück   101
Gruppe   177
gültig   109
günstig   88
Gurke   94
gut   61
Guten Abend!   42
Gute Nacht!   42
Guten Appetit!   91
Guten Morgen!   42
Guten Tag!   42
gut gehen   52
gut zu etw.
  passen   19

H

Haar   17
Haarbürste   58
haben   49, 183
Hafen   117
halbe Stunde   158
Hallo!   42
Hals   51
Halskette   21

halten   45
Haltestelle   114
Hamburger   98
Hand   51
Handschuh   21
Handtasche   21
Handtuch   107
Handwerker(in)   69
Handy   131
Handynummer   14
Hardware   134
hart   143
Hass   23
hassen   23
hässlich   17
Hauptgericht   99
Hauptspeise   99
Haus   102
Hausaufgaben   66
Hausfrau   68
Haushalt   106
Hausmann   68
Hausnummer   14
Heft   60
Heiligabend   80
Heimatland   150
heiraten   23
heiß   124
heißen   13
heizen   104
Heizung   105
helfen   48
hell   18
Hemd   20
Herbst   156
Herd   107
Herein!   43
herkommen   14
Herr   13
herrschen   144
Herrscher(in)   144
herüberreichen   99
herunterfahren   134
herunterladen   132
Herz   51
heute   159
hier   165
Hilfe   48
Himmel   123
hinauf   166
hindern   38
hinkommen   108, 169
hinsetzen (sich)   104
hinter   164

hinüber 167
hinunter 166
historisch 144
Hitze 124
Hobby 85
hoch 75, 167
hochfahren 134
Hochschule 66
Hochzeit 23
hoffen 29
Hoffentlich! 43
Hoffnung 29
höflich 15
holen 50
Holz 143
Honig 96
hören 33, 75
Hose 20
Hotel 110
hübsch 17
Hügel 121
Huhn 120
Hühnchen 95
Hund 120
Hunger 91
hungrig 91
husten 53
Husten 53
Hut 21
Hybridauto 118

I
Ich hätte gerne … 87
illegal 153
im 182
Imbiss 98
im Jahr 159
im Jahre 159
immer 160
in 159, 166, 182
inbegriffen 100
Industrie 136
Information 128
informieren 128
in hinein 166
innen 103
innerhalb 182
in Ohnmacht
fallen 54
in Ordnung 38, 39
in Richtung 166
in Ruhestand

gehen 73
ins Bett gehen 46
Insel 122
Instrument 76
inszenieren 78
interessant 59
Interesse 59
interessieren für
(sich) 59
interessiert 59
international 146
Internet 131
Ire 186
Iren 186
irgendein(e) 175
irgendetwas 175
irgendjemand 176
irgendwelche 175
irgendwo 165
Irin 186
irisch 186
Irland 185
irren (sich) 61

J
ja 36
Jacke 20
Ja, gern. 43
Jahr 156
… Jahre alt sein 27
Jahrestag 79
Jahreszeit 156
Jänner 156
Januar 156
Jeans 20
jedermann 176
jede(r, -s) 176
jemand 176
jetzt 159
j-m etw. übel
nehmen 42
j-m helfen, etw. zu
tun 48
j-m stehen 19
Job 67
Jugend 27
Jugendherberge 110
jugendlich 27
Juli 156
jung 27
Junge 13
Juni 156

K
Kabeljau 95
Kaffee 97
Kaffeemaschine 107
Kaiser(in) 144
Kalb 120
Kalbfleisch 95
Kalender 70
kalt 124
Kälte 124
Kamm 58
kämmen (sich) 58
kämmen 58
Kampf 151
kämpfen 151
Kann ich dir helfen?
43
Kann ich Ihnen
helfen? 43, 87
Kanzler(in) 149
Karfreitag 80
Karneval 80
Kartoffel 94
Kartoffelchips 96
Käse 95
Kasse 89
Kassenzettel 89
Katze 120
Kauf 86
kaufen 86
Kaufhaus 90
kaum 179
kein(e) 176
Keine Ursache! 37
Keks 93
Keller 103
Kellner 69
Kellnerin 69
kennenlernen (sich)
26
Ketchup 96
Kilogramm 174
Kilometer 174
Kind 13
Kindergarten 66
Kino 78
Kirche 111
Kirsche 94
Kissen 105
Kiste 107
klar 40
klasse 79
Klasse 65, 174
Klassenzimmer 65

Klavier 76
Kleid 20
Kleidergröße 20
Kleiderschrank 105
Kleidung 19
klein 18
klicken 135
Klima 124
Klimaanlage 107
Klimawandel 126
klingeln 106
Klinik 55
Kneipe 98
Knie 51
Knochen 51
kochen 92
Koffer 109
Kolleg(in) 68
kommen 169
kommen aus 14
Konditorei 98
Konflikt 151
König(in) 144
Königreich 144
können 183
Könnten Sie …? 43
Könntest du …? 43
Konsulat 149
Kontakt 26
Kontinent 121
Konzert 75
Kopf 51
Kopfschmerzen 53
kopieren 70, 135
Kopierer 70
Körper 51
körperlich 52
kosten 88
köstlich 91
Kraft 54
krank 52
Krankenhaus 55
Krankenpfleger(in)
69
Krankenwagen 57
Krankheit 52
krank werden 52
Kreditkarte 137
Kreis 170
Kreuzung 113
Krieg 150
Kriminalität 154
Kriminalroman 74
Kriminelle(r) 155

Kritik   40
kritisieren   40
Krone   145
Küche   103
Kuchen   93
Kugelschreiber   70
Kuh   120
kühl   124
Kühlschrank   107
kümmern um (sich)
   22
Kunde   89
Kundin   89
Kunst   77
Kunststoff   143
Kurs   60
kurz   20
Kurzgeschichte   74
Kuss   23
küssen   23
Küste   122

L

lächeln   31
Lächeln   31
lachen   32
Lachen   32
Lachs   95
Laden   90
Lampe   105
Land   121, 146
landen   117
Landkarte   113
Landschaft   121
Landstraße   113
Landwirtschaft   140
landwirt-
   schaftlich   140
lang   20, 160
langsam   82, 168
langweilig   32
Lärm   33
lassen   45
laufen   82
Laufwerk   134
laut   75
Lautsprecher   76
leben   26
Leben   26
Lebensmittel   91
Lebensmittelge-
   schäft   90

Leder   143
ledig   14
leer   100
legal   153
legen   44
Lehrer(in)   69
leicht   62, 143
leiden   52
leihen   50
leise   75
leiten   68
Lektion   60
lernen   59
lesen   74
Leser(in)   74
letzter   162
Leute   25
Licht   105
lieb   15
Liebe   23
Liebe ...   127
lieben   23
Lieber ...   127
Lieblings-   32
Lied   75
liken   133
Linie   114, 170
links   164
Lippe   51
Liter   174
Löffel   107
Lohn   72
löschen   135
Luft   123
lustig   15

M

machen   44
Macht   148
mächtig   148
Mädchen   13
Mai   156
malen   77
manchmal   161
Mangel   146
Mann   13
Mantel   20
Märchen   74
Marille   94
Markt   90
Marmelade   96
März   156

Maschine   141
Material   143
Maus   120, 134
Mauszeiger   134
Mechaniker(in)   69
Medikament   56
Medizin   56
medizinisch   55
Meer   122
meinen   39
Meinung   39
meistens   161
Mensch   26
menschlich   26
Menü   99
Messer   107
Metall   143
Meter   174
Metzgerei   90
Metzger(in)   69
Miete   101
mieten   101
Milch   95
Millimeter   174
Mineralwasser   97
Ministerin   149
Minute   158
mit   181
Mitarbeiter(in)   71
mitbringen   49
Mit freundlichen
   Grüßen   127
mitnehmen   50
Mittag   157
Mittagessen   99
Mitte   164
Mittelmeer   122
Mittwoch   157
Möbel   104
Möbelstück   104
möbliert   104
Möchten Sie ...?   43
Möchtest du ...?   43
Mode   19
modern   77
mögen   32, 183
möglich   30
Mohrrübe   94
Monarchie   144
Monat   156
Mond   123
Montag   157
moralisch   147
Mord   155

morgen   159
Morgen   157
morgens   157
Moschee   111
Motel   110
Motor   141
Motorrad   118
MP3-Player   76
müde   46
Muffin   93
Mülleimer   107
Mund   51
Münze   138
Museum   112
Musik   75
müssen   184
mutig   16
Mutter   22
Muttersprache   64
Mütze   21

N

nach   158, 161, 166,
   182
Nachbar(in)   25
nachdenken   29
Nachfrage   136
nach Hause   101
Nachmittag   157
nachmittags   157
Nachname   14
Nachrichten   128
nachsehen   33
Nachspeise   99
Nacht   157
Nachthemd   20
Nachtisch   99
Nachwuchs   22
nahe   167
Name   13
Nase   51
nass   125
Nation   146
national   146
Nationalität   146
Nebel   125
neben   164
neblig   125
nehmen   50
Nehmen Sie doch bitte
   Platz!   43
nein   36

nervös   16
nett   15
neu   88
Neujahrstag   80
neu starten   134
nicht   36
nicht leiden
   können   32
nichts   176
nie   161
Niederlage   84
niedrig   167
niemand   176
nirgendwo   165
noch ein(e)   176
noch nicht   160
Norden   123
nördlich von   123
normal   178
Note   61
notieren   70
Notiz   70
Notrufnummer   57
November   156
Nudeln   93
Nummer   172
nur   178
nützen   142
nützlich   142
nutzlos   142

O

ob   183
oben   165
Obers   95
Obst   94
Obst- und Gemüse-
   laden   90
oder   182
öffentlich   145
öffentliche Verkehrs-
   mittel   114
Öffentlichkeit   145
offline   132
öffnen   102
oft   161
ohne   181
Ohr   51
Ohrring   21
Oktober   156
Öl   96
Onkel   22

online   132
Onlinebanking   133
Oper   76
Operation   55
operieren   55
Opfer   154
Opposition   149
orange   170
Orange   94
Orangen-
   limonade   97
Ort   112
Osten   123
Ostermontag   80
Ostern   80
Österreich   185
Österreicher(in)   185
österreichisch   185
Ostersonntag   80
östlich von   123
Ozean   122

P

Paar   24, 177
Päckchen   127
packen   109
Palast   112
Papier   70
Papiere   109
Paprika   94
Paradeiser   94
Parfum   58
Park   113
parken   119
Parkhaus   113
parkieren   119
Parkplatz   113
Parlament   149
Partei   148
Parterre   102
Party   79
Pass   109
passen   19
passend   89
Patient(in)   55
Pause   66, 73
Pazifik   122
Pech   85
Pence   139
Penny   139
Pension   110
Peperoni   94

Perron   116
Person   25
Personal   68
Personalausweis   109
persönlich   25
Persönlichkeit   15
Pfad   122
Pfeffer   96
Pferd   120
Pfingsten   80
Pfirsich   94
Pflanze   120
pflanzen   140
Pfund   139
picknicken   86
Pizza   98
Pizzeria   98
Plan   47
planen   47
Platz   113
Platz nehmen   104
plötzlich   162
Plural   64
Pneu   139
Podcast   133
Politik   148
politisch   148
Polizei   57
Polizist(in)   69
Pommes frites   98
Portemonnaie   21
Post   127
Postamt   127
posten   133
Postkarte   127
Postleitzahl   127
Präsident(in)   149
Praxis   56
Preis   88
preiswert   88
privat   145
Problem   62
Professor(in)   69
Programm   129, 134
programmieren   134
Prost!   91
Prozent   139
Prozess   153
Prüfung   61
psychisch   52
Pullover   20
Punkt   158
putzen   106

Q

Quadrat   170
qualifizieren (sich)
   68
Qualität   174
Quittung   89

R

Radio   128
Rappen   139
Rasierapparat   58
rasieren (sich)   58
Rat   39
rau   143
rauchen   54
Rechnung   100
Rechteck   170
recht haben   39
rechts   164
rechtzeitig   162
Rede   34
reden   35
Regal   105
regelmäßig   161
Regen   124
Regenschirm   21
regieren   148
Regierung   148
Region   121
regional   121
Regionalzug   117
regnen   125
reich   146
Reichtum   145
Reifen   119
Reihenfolge   174
Reis   93
Reise   108
Reisebüro   109
reisen   108
reiten   83
Religion   147
religiös   147
Rennen   82
Rente   73
reparieren   137
reservieren   100
Reservierung   100
Restaurant   98
retten   56
Rettungsdienst   57
Rezept   55

Rezeption 110
richtig 60
Richtung 166
riechen 34
Rindfleisch 95
Ring 21
Rock 20
roh 92
Roman 74
rosa 170
Rose 120
Rosé 97
rot 170
Rotwein 97
Route 119
Rücken 51
Rückfahrkarte 116
Rückkehr 108
rückwärts fahren 119
rufen 35
Ruhestand 73
ruhig 16
rund 170

S
Saal 112
Sachbuch 74
Sache 44
Saft 97
sagen 34
Sahne 95
Salami 95
Salat 94
Salz 96
salzig 92
Samstag 157
Sandwich 98
Satellit 123
Satz 63
sauber 106
sauer 42, 92
Sauerkraut 94
S-Bahn® 114
Schaf 120
Schaffner(in) 116
scharf 92
schauen 33
Scheibe 93
scheinen 30
schenken 79
schicken 127

Schiene 116
schießen 151
Schiff 117
Schild 119
Schinken 95
Schlafanzug 20
schlafen 46
Schlafsack 110
Schlafzimmer 103
Schlagzeug 76
schlank 18
schlau 16
schlecht 53, 62
schlecht gehen 52
schließen 102
Schlitten fahren 83
Schloss 106, 112
Schlüssel 106
schmal 167
schmecken 91
Schmerz 53
schmerzen 53
schmutzig 106
Schnee 126
schneiden 92
schneien 126
schnell 82, 168
Schnellzug 116
Schnitzel 98
Schock 54
Schokolade 96
schon 160, 161, 162
schön 17
Schönen Tag! 43
Schönheit 17
Schotte 186
Schottin 186
schottisch 186
Schottland 186
Schrank 105
schreiben 70
Schreibtisch 70
schreien 41
Schuh 20
Schuhgeschäft 90
Schuld 154
schulden 138
Schulden 138
schuldig 154
Schule 65
Schüler(in) 65
Schüssel 107
schwach 54
schwarz 170

schweigen 35
Schweigen 35
Schwein 120
Schweinefleisch 95
Schweiz 185
Schweizer Franken 138
Schweizer(in) 185
schweizerisch 185
schwer 62, 143
Schwester 22
schwierig 62
Schwimmbad 83
schwimmen 83
See 122
sehen 33
Sehenswür-digkeit 111
Seife 58
sein 183
seit 160
Seite 60, 164
Sekretär(in) 68
Sekt 97
Sekunde 158
Selfie 132
Semmel 93
senden 129
Sendung 129
Senf 96
September 156
Sessel 105
setzen (sich) 104
Shampoo 58
Shitstorm 133
shoppen gehen 87
Show 81
sicher 48, 150
Sicherheit 150
Sieg 84
siegen 84
Sieger(in) 84
Silber 143
Silvester 80
singen 75
Singular 64
sinken 118, 140
sitzen 104, 168
Sitzplatz 116
Ski 83
Ski laufen 83
skypen® 131
Slip 20
Smartphone 131

SMS 131
SMS schreiben 131
Socke 20
Sofa 105
sofort 162
Software 134
Sohn 22
Soldat(in) 150
sollen 184
Sommer 156
sondern 182
Sonne 123
Sonnenbrille 21
Sonntag 157
Sorgen machen (sich) 32
Sorgfalt 61
Sorte 174
so wie 18
so ... wie 178
sozial 145
soziales Netzwerk 133
sparen 138
Spaß haben 81
spät 162
später 162
Spaziergang machen 86
Speck 95
speichern 135
Speisekarte 99
Spezialität 98
Spiegel 107
Spiel 84, 85
spielen 75, 85
Spieler(in) 82
Spielkarten 85
Spielzeug 86
Sport 82
Sporthalle 82
Sport treiben 82
Sprache 64
sprechen 34
Sprechstunde 55
springen 168
Sprudel 97
Spülmaschine 107
Staat 152
staatlich 152
Stadt 112
Stadtmitte 112
Stadtplan 113
Stadtteil 113

Stadtzentrum 112
stark 54, 142
Start 84
starten 117
statt 182
Steak 95
stehen 46
stehlen 155
steigen 139
steigern 140
Stelle 67
stellen 45
sterben 28
Stereoanlage 76
Stern 123
Steuer 140
Stier 120
still 35
Stimme 75
stinken 34
Stirn 51
Stockwerk 102
stören 42
strafbar 154
Strafe 154
Strand 122
Straße 14, 113
Straßenbahn 114
Streik 73
streiken 73
Streit 41
streiten 41
Strom 142
Stück 177
Student(in) 65
studieren 59
Studium 66
Stuhl 105
Stunde 158
Stundenplan 66
Sturm 125
stürmisch 125
Substantiv 63
suchen 45
Suchmaschine 132
Süden 123
südlich von 123
Supermarkt 90
Suppe 98
süß 92
Süßigkeiten 96
sympathisch 15
Synagoge 111
System 143

T
Tablette 56
Tag 157
täglich 157
Tankstelle 119
Tante 22
tanzen 81
Tanzveran-
    staltung 81
Tasche 21
Taschenmesser 86
Taschentuch 58
Tasse 107
Tastatur 134
Taste 134
Tätigkeit 44
Taxi 118
Team 68
Tee 97
Teelöffel 107
Teil 178
teilnehmen 82
Teilnehmer(in) 82
Telefon 130
Telefongespräch 130
telefonieren 130
Telefonnummer 14
Teller 107
Temperatur 124
Teppich 105
Terminal 117
Terrasse 104
Terrorismus 151
teuer 88
Text 74
Theater 78
Theaterstück 78
Thon 95
Thunfisch 95
tief 75, 167
Tiefkühl- 93
Tier 120
Tisch 105
Titel 74
Toast 93
Tochter 22
Tod 27
Toilette 103
toll 79
Tomate 94
Tonne 174
Topf 107
Tor 103
Torte 93

tot 28
töten 155
Tourismus 109
Tourist(in) 109
touristisch 109
tragen 19, 45
trainieren 82
Trauer 28
traurig 33
treffen 25
Treffen 25
Treibhauseffekt 126
trennen (sich) 24
Trennung 24
Treppe 103
treu 24
trinken 91
trinken gehen 80
Trinkgeld 100
trocken 125
trocknen 106
Trommel 76
trotz 182
Tschüss! 42
T-Shirt 20
tun 44
Tür 103
Turm 112
twittern® 133
Typ 25

U
U-Bahn 114
übel 53
Übelkeit 53
üben 60
über 164, 167, 177,
    181
überall 165
überleben 57
übermorgen 159
übernachten 110
Übernachtung 110
überqueren 119
Überraschung 32
überregional 121
Überschwem-
    mung 126
übersetzen 64
Übersetzung 64
übertragen 129
Überweisung 138

überzeugen 39
Übung 60
Ufer 122
Uhr 158
um 158, 166
umarmen (sich) 23
Umarmung 23
umdrehen (sich) 168
um herum 166
um … herum 166
um Hilfe rufen 57
Umsatz 136
umsteigen 114
umtauschen 89
Umwelt 126
umziehen 102
umziehen (sich) 19
um … zu 179
unangenehm 31
und 182
Unfall 56
unfreundlich 15
ungefähr 177
ungerecht 154
unglücklich 31
ungültig 109
unhöflich 15
Universität 66
unmöglich 30
unmoralisch 147
unrecht haben 40
unschuldig 154
unsicher 48
unsympathisch 15
unten 165
unter 164
Unterhaltung 80
Unterhose 20
Unterkunft 110
Unterlagen 70
Unterricht 65
unterrichten 65
Unterrichtsstunde 65
Unterschied 178
unterschreiben 153
Unterschrift 152
unterstützen 48
Unterstützung 48
untersuchen 55
Untersuchung 55
Untertasse 107
unterwerfen 145
untreu 24
unvorsichtig 16

unwichtig 40
unzufrieden 89
Urlaub 108
USA 186
US-amerikanisch 186
USB-Anschluss 134

V

Vater 22
vegan 93
vegetarisch 93
Velo 118
verantwortlich 68
verärgert 41
Verb 63
verbessern (sich) 61
verbieten 38
Verbindung 116
Verbot 38
verbrennen (sich) 56
verdienen 72
Vereinigten
  Staaten 186
verfassen 74
verfolgen 151
vergessen 29
Vergnügen 80
verheiratet 14
Verkauf 86
verkaufen 86
Verkäufer(in) 68
Verkehr 118
verleihen 50
verletzen 53
verletzen (sich) 53
verlieben (sich) 23
verliebt sein 23
verlieren 84
Verlierer(in) 84
verlinken 135
verlobt sein 24
Verlobung 24
vermieten 101
verpassen 115
verringern 140
verschreiben 55
versichern 139
Versicherung 139
Verspätung 114
versprechen 37
verstehen 59
Versuch 47

versuchen 47
Vertrag 72
Verwaltung 152
verwitwet 14
viel(e) 175
Vielen Dank! 37
Vielen herzlichen
  Dank! 37
vielleicht 30
Viel Spaß! 81
Viel Vergnügen! 81
Viertel 113
Viertelstunde 158
violett 170
Vogel 120
voll 100
vollständig 88
volltanken 119
von 160, 181
von … bis 181
von … nach 181
vor 158, 161, 164
vorbeifahren 169
vorbereiten 47
vorgestern 159
vorhaben 47
vorlesen 74
Vormittag 157
vormittags 157
Vorname 14
Vorort 113
Vorortzug 117
Vorsicht! 57
vorsichtig 16
Vorspeise 99
Vorstand 136
Vorwahl 130
vorwärts fahren 119

W

wachsen 27
Waffe 151
Wagen 118
wählen 87, 130
wahr 129
während 159
Wahrheit 129
wahrscheinlich 30
Wald 120
Wand 103
Wanderung 83
wann 180

Ware 136
Warenhaus 90
warm 124
Wärme 124
warm machen 92
warten auf 114
Warteschlange 89
warum 180
was 180
waschen 106
waschen (sich) 57
Waschmaschine 107
Was ist los? 43
Was kostet …? 88
Wasser 122
Wasserhahn 105
Wechselgeld 89
wechseln 139
wecken 46
Wecker 107
weg 166
Weg 122
weggehen 169
wegnehmen 50
wehtun 53
weich 143
Weihnachten 80
weil 179
Wein 97
weinen 32
weiß 170
Weißwein 97
weit 20, 167
welche(r, -s) 180
Welle 122
Welt 123
Weltraum 123
wem 180
wen 180
wenig 175
wenig(e) 175
wenn 183
wer 180
Werbespot 129
werden 183
werfen 82
Werk 77
Werkstatt 137
Werktag 157
Werkzeug 86
Westen 123
westlich von 123
Wetter 124
Wettkampf 82

wichtig 40
wie 178, 180
Wie bitte? 37
wiederholen 60
Wie geht es dir? 43
Wie geht es Ihnen?
  43
Wie geht's? 43
Willkommen! 43
Wind 125
windig 125
Winter 156
Wintersport 83
Wirtschaft 136
wissen 59
Wissen 59
Witwe 28
Witwer 28
WLAN 131
wo 180
Woche 156
Wochenende 156
wohin 180
Wohnblock 102
wohnen 101
Wohnort 14
Wohnung 102
Wohnzimmer 103
Wolke 124
Wolle 143
wollen 37, 184
Wort 63
Wörterbuch 64
Wunde 53
Wunsch 37
wünschen 37
Würden Sie
  bitte …? 37
Würdest du
  bitte …? 37
Würfel 85
Würstchen 95
Wüste 122
Wut 41
wütend 41

Z

Zahl 172
zahlen 100
zählen 172
Zahn 51
Zahnarzt 69

Zahnärztin 69
Zahnbürste 58
Zähne putzen 58
Zahnpasta 58
zeichnen 77
zeigen 77
Zeit 158
Zeitschrift 128
Zeitung 128
Zelt 110
zelten gehen 110
Zentimeter 174
Zettel 70
Zeugin 154

Zeugnis 61
Ziege 120
ziehen 45, 102
Ziel 84
Zigarette 96
Zimmer 103
Zitrone 94
Zitronen-
 limonade 97
zivil 150
Zorn 41
zornig 41
zu Abend essen 99
Zucker 96

zu Ende 163
zuerst 162
zufrieden 89
zu früh 162
zu Fuß gehen 168
Zug 115
zu Hause 101
zuhören 75
zum Beispiel 40
zu Mittag essen 99
Zunge 51
zur Arbeit
 gehen 67
zurückgeben 49

zurückkehren 108
zurück-
 kommen 109, 169
zurückrufen 130
zusammen 178
zusammenleben 22
Zusammenstoß 56
zusammenstoßen 56
zu spät 162
zweimal 163
zweiter
 Weihnachtstag 80
Zwiebel 94
zwischen 165, 181

A
a bit 177
about 177, 181
above 164
abroad 146
absent 62
accept 39, 50
accident 56
accommodation 110
according to 182
account 132
accuse 153
accused 153
acquisition 86
across 167
activity 44
address 14
adjective 63
administration 152
admission 111
adult 27
adverb 63
advice 39
a few 175
Africa 186
African 186
after 161
afternoon 157
against 40
age 27
agency 137
agree 39
agreement 39
agree to do sth. 48
agricultural 140

agriculture 140
air 123
air conditioning 107
airline 117
airport 117
alarm 57
alarm clock 107
alcohol 97
all 176
allow 38
all right 38
All right. 43
almost 179
alone 33
a lot of 175
alphabet 63
already 160, 162
also 179
always 160
am 157
ambulance 57
America 186
American 186
among 165
amusing 81
ancient 77
and 182
angry 41
angular 170
animal 120
anniversary 79
annoyed 42
annoying 41
another 176
answer 36
any 175, 176

anyone 176
anything 175
anywhere 165
appetite 91
apple 94
application 71
apply 72
apricot 94
April 156
area 121
argue 41
argument 41
arm 51
armchair 105
armed 151
army 150
around 166
arrival 115
arrive 169
art 77
article 128
as 178, 181
as ... as 178
Asia 186
Asian 186
ask 36
assassination 155
assistant 69
at 158, 181, 182
atheist 148
at home 101
Atlantic 122
Atlantic Ocean 122
at once 162
attachment 131
attempt 47

attend 62
attractive 17
August 156
aunt 22
Australia 186
Australian 186
Austria 185
Austrian 185
autumn 156
away 166

B
baby 27
back 51
bacon 95
bad 62
bad luck 85
bag 21
bake 92
baker 69
bakery 90
balcony 104
ball 82
ban 38
bank 122, 137
banknote 138
bass 76
bath 105
bathroom 103
be 183
be able to 183
be absent 63
beach 122
be afraid 32

be allowed to   38
beautiful   17
beauty   17
be born   27
be called   13
because   179
bed   105
bed and
  breakfast   110
be doing badly   52
bedroom   103
beef   95
be engaged   24
beer   97
before   161
be fragrant   34
be friends with   25
be from   14
begin   163
be going to   183
behind   164
be in love   23
believe   147
bell pepper   94
belly   51
below   164
be of use   142
be one's turn   89
be on strike   73
be on the phone   130
be pleased   31
be right   39
best   61
better   61
between   165, 181
be used to   16
be well   52
be wrong   40, 61
be ... years old   27
bicycle   118
bikini   20
bill   100
bird   120
birth   26
birthday   79
biscuit   93
black   170
blanket   105
blaze   56
bleed   54
block   102
blog   133
blood   51
blouse   20

blow   125
blue   170
board   136
boat   117
body   51
boil   92
bone   51
book   74, 100, 109
bookshop   90
boot   134
boot up   134
border   150
boring   32
borrow   50
boss   68
both   177
bother   42
bottle   93
bottom   51
boutique   90
box   107
Boxing Day   80
boy   13
bracelet   21
brain   51
brave   16
bread   93
break   53, 66
breakfast   99
break out   150
breast   51
bridge   113
briefs   20
bring   49
British   185
Briton   185
broadcast   129
brother   22
brothers and
  sisters   22
brown   170
brush   58
brush one's teeth   58
build   101
building   102
building site   102
bull   120
burn   56, 126
bury   28
bus   114
bus stop   114
busy   67
but   182
butcher   69

butcher's   90
butcher's shop   90
butter   95
buttocks   51
buy   86
by   160, 164, 181, 182
by any chance   30
Bye!   42, 130

C

café   98
cake   93
cake shop   98
calendar   70
calf   120
call   35, 130
call for help   57
calm   16
camera   85
camping   110
campsite   110
can   183
cancel   109
Can I help you?   43,
  87
can't stand   32
cap   21
cappuccino   97
car   118
care   61
care about   22
careful   16
careless   16
carnival   80
car park   113
carpet   105
carrot   94
carry   45
case   109
cash   137
cash desk   89
castle   112
cat   120
catch   59, 83
catch a cold   53
cathedral   111
CD   76
CD player   76
ceiling   103
celebrate   79
cellar   103
cemetery   113

cent   138
centimetre   174
certain   48
certificate   61, 153
chair   105
chancellor   149
change   19, 89, 139
change trains   114
character   15
charge   132
chat   133
cheap   88
check in   110
checkout   89
check out   110
Cheers!   91
cheese   95
chemist   69
chemist's   90
cherry   94
chest   51
chicken   95, 120
child   13
chips   98
chocolate   96
choose   87
Christmas   80
Christmas Day   80
Christmas Eve   80
church   111
cider   97
cigarette   96
cinema   78
circle   170
city   112
city centre   112
civil   150
class   65, 174
classes   65
classroom   65
clean   106
clear   40
clear the table   100
clever   16
click   135
climate   124
climate change   126
clinic   55
close   102
closed   87
clothes   19
clothes shop   90
cloud   124
cloudy   124

coast   122
coat   20
cod   95
coffee   97
coffee machine   107
coffee maker   107
coin   138
Coke®   97
cold   52, 124
cold platter   98
collaborator   68
colleague   68
college   66
collide   56
collision   56
colour   170
comb   58
combat   151
come   169
come from   14
Come in!   43
comfortable   104
commercial   129
commuter train   117
compartment   116
competition   82
competitor   82
complain   42
complete   88
computer   134
concert   75
conductor   116
conflict   151
congratulate   79
Congratulations!   79
connection   116
conquer   144
construction site   102
consulate   149
contact   26
continent   121
contract   72
conversation   34
convince   39
cook   92
cooker   107
cool   79, 124
copy   70, 135
correct   60
cost   88
cotton   143
couch   105
cough   53
Could you …?   43

count   172
country   121, 146
couple   24
course   60, 99
court   153
cousin   22
cow   120
cowardly   16
co-worker   68
crash   56
cream   58, 95
credit card   137
crime   154
criminal   154, 155
crisps   96
criticism   40
criticize   40
cross   119
crossroad   113
crown   145
cry   32
cucumber   94
cup   107
cupboard   105
cursor   134
customer   89
cut   92

D

daily   157
dance   81
danger   56
dangerous   56
dark   18
data   135
date   158
daughter   22
day   157
dead   28
Dear …   127
death   27
debit card   137
debts   138
December   156
decide   47
decision   47
decrease   140
deep   75
defeat   84
degree   61, 174
delay   114
delete   135

delicious   91
demand   72, 136
democracy   149
democratic   149
dentist   69
depart   108
department   68, 152
department store   90
departure   115
desert   122
desk   70
dessert   99
detective story   74
dial   130
dialling code   130
diary   70
dice   85
dictionary   64
die   28
diesel   119
difference   178
difficult   62
digital   135
digital camera   85
dining room   103
dinner   99
dinner party   81
direct   116
direction   166
dirty   106
disabled   54
disabled person   54
disco   81
discover   142
discovery   142
discuss   39
discussion   39
dish   98, 107
dishes   107
dish washer   107
dissatisfied   89
disturb   42
divorced   14
do   44
do business   136
doctor   69
documents   70, 109
dog   120
do handicrafts   86
dollar   139
door   103
do sb. a favour   48
do sport   82
do sth. for a living   72

do the dishes   106
double room   110
down   166
download   132
downstairs   165
draw   77
dress   19, 20
drink   91, 97
drive   118, 134
driver   118
driving licence   118
drum   76
drums   76
drunk   54
dry   57, 106, 125
during   159
DVD   78
DVD player   78

E

each   176
ear   51
early   161, 162
earn   72
earring   21
earth   123
earthquake   126
east   123
Easter   80
Easter Monday   80
Easter Sunday   80
east of   123
easy   62
eat   91
economy   136
edition   128
educate   66
education   66
egg   96
electric   142
electrical   142
electric guitar   76
electricity   142
e-mail   131
e-mail address   131
embassy   149
emergency
   number   57
emperor   144
employ   71
employed   71
employee   71

employer   71
employment   71
empress   144
empty   100
end   45, 163
enemy   151
engaged   130
engagement   24
engine   141
England   185
English   185
Englishman   185
Englishwoman   185
enjoy   81
enjoy oneself   81
Enjoy your meal!   91
Enjoy yourself!   81
enough   177
entertainment   80
entrance   103
environment   126
error message   135
espresso   97
euro   138
Europe   185
European   185
evening   157
ever   161
every   176
everybody   176
everyone   176
everything   176
everywhere   165
exact   40, 89
examination   55, 61
examine   55
example   60
exchange   89
Excuse me.   37
exercise   60
exercise book   60
exhibition   77
exist   148
exit   103
expect   30
expensive   88
explain   35
explanation   35
export   136
express train   116
eye   51

F
face   17
faint   54
fair   18, 84
fairy tale   74
faith   147
faithful   24
fall   46
fall in love   23
family   22
famous   85
far   167
farm   140
fashion   19
fast   82, 168
fat   18
father   22
favour   48
favourite   32
fear   32
February   156
feel   31
feeling   31
ferry   118
fertile   140
fertilize   141
fertilizer   141
few   175
field   140
fight   151
figure   17, 172
file   135
fill in   152
filling station   119
fill out   152
fill up   119
film   78
financial   138
find   45
Fine, thank you.   43
finger   51
finish   45, 84, 163
finished   46
fire   126
fire brigade   57
firm   136
first   162
first floor   102
first language   64
first name   14
fish   86, 95, 120
fit   19
flash   85
flat   102, 167

flat rate   131
flee   151
flight   117
flood   126
flooding   126
floor   102, 103
flower   120
flute   76
fly   117
fog   125
foggy   125
food   91
foot   51
football   83
for   160, 166, 181
forehead   51
foreign   147
foreigner   146
foreign language   64
forest   120
for example   40
forget   29
fork   107
form   152
free   154
freedom   154
free time   85
fresh   92
Friday   157
fridge   107
friend   25
friendly   15
friendship   25
from   160, 166
from … to   181
frozen   93
fruit   94
full   100
funeral   28
funny   15
furnished   104
furniture   104

G
gallery   77
gamble   85
game   84, 85
garage   104, 119
garden   103
gas   143
gate   103, 117
gateau   93

German   185
Germany   185
get   49, 50, 169
get back   109
get ill   52
get in   168
get married   23
get off   168
get on   168
get out   168
get ready   46
get there   108
get up   46
get upset   41
girl   13
give   49, 79
glad   31
glass   107, 143
glasses   21
glove   21
go   118, 169
go and check   33
goat   120
go by train   115
go camping   110
go climbing   83
God   147
go for a drink   80
go for a walk   86
go forward   119
gold   143
good   15, 61
Good afternoon!   42
Goodbye!   42
Good evening!   42
Good Friday   80
Good luck!   79
Good morning!   42
Good night!   42
goods   136
go out   80
go shopping   87
go skiing   83
go sledging   83
go to bed   46
go to work   67
go up   139
govern   148
government   148
go well   19
grain   120
gram   174
grammar   63
gramme   174

grandfather 22
grandmother 22
grandparents 22
grass 120
grave 28
great 79
Great Britain 185
green 170
greengrocer's 90
greenhouse
 effect 126
grey 170
grocer's 90
ground 121
ground floor 102
group 177
grow 27, 140
grown-up 27
guest 26
guest house 110
guided tour 111
guilt 154
guilty 154
guitar 76
gun 151
guy 25
gym 82

H

hair 17
hairbrush 58
haircut 18
hairdresser 69
hairdryer 107
half an hour 158
half-hour 158
hall 112
ham 95
hamburger 98
hand 51
handkerchief 58
happy 31
Happy Easter! 79
harbour 117
hard 62, 143
hard disk 134
hardly 179
hardware 134
harvest 141
hat 21
hate 23
hatred 23

have 49, 183
have a bath 57
Have a nice day! 43
have a picnic 86
have a seat 104
Have a seat,
 please. 43
have a shower 57
have breakfast 99
have dinner 99
have fun 81
Have fun! 81
have got 49, 183
have lunch 99
have to 184
head 51
headache 53
health 52
healthy 52
hear 33
heart 51
heat 104, 124
heating 105
heavy 143
Hello! 42
help 48, 99
here 165
Hi! 42
high 75, 167
hike 83
hill 121
hire 71, 101
historical 144
history 144
hobby 85
hold 45
hold sth. against
 sb. 42
holiday 108
holidays 108
home 101, 102, 150
home country 150
homework 66
honest 16
honey 96
hope 29
Hopefully! 43
horse 120
hospital 55
hot 92, 124
hotel 110
hour 158
house 102
household 106

house husband 68
house number 14
housewife 68
how 179, 180
How are you? 43
How much
 is …? 88
hug 23
human 26
hunger 91
hungry 91
hurt 53
husband 24
hybrid car 118

I

ice 126
ice cream 96
ice cube 97
identification 109
identity card 109
I'd like … 87
if 183
ill 52
illegal 153
illness 52
immediately 162
immoral 147
impolite 15
import 137
important 40
impossible 30
impression 30
improve 61
in 159, 182
included 100
in common 25
increase 139, 140
industry 136
influence 148
inform 128
information 128
information
 desk 115
in front of 164
inhabitant 152
innocent 154
in order to 179
inside 103
in spite of 182
instead of 182
instrument 76

insurance 139
insure 139
interest 59
interested 59
interesting 59
international 146
Internet 131
in time 162
into 166
invalid 109
invent 143
invention 142
invite 26
Ireland 185
Irish 186
Irishman 186
Irishwoman 186
iron 143
island 122
issue 128

J

jacket 20
January 156
jeans 20
job 67
journey 108
juice 97
July 156
jump 168
jumper 20
June 156
just 154
justice 154
juvenile 27

K

keep 49
ketchup 96
key 106, 134
keyboard 134
kill 155
kilogramme 174
kilometre 174
kind 15, 174
king 144
kingdom 144
kiss 23
kitchen 103
knee 51

knife   107
know   59
knowledge   59

L

lack   146
lake   122
lamp   105
land   117, 121
landscape   121
language   64
last   160, 162
last name   14
late   162
later   162
latest   88
laugh   32
laughter   32
law   153
lawyer   69
lazy   15
lead   111
leaf   120
learn   59
leather   143
leave   45, 108, 169
left   164
leg   51
legal   153
lemon   94
lemonade   97
lend   50
lesson   60, 65
let   45, 101
letter   63, 127
library   74
life   26
lift   103
light   105, 143
lighter   107
like   18, 32, 87, 133,
   178, 183
like doing sth.   32
likely   30
line   114, 170
link   135
lip   51
listen   75
litre   174
little   175
live   26, 101
live together   22

living room   103
local train   117
lock   106
log off   132
log on   132
long   20, 160
look   17, 33
look at   33
look for   45
Look out!   57
loose   20
lose   84
loser   84
loud   75
loudspeaker   76
love   23
low   75, 167
luck   31, 85
luggage   109
lunch   99

M

machine   141
magazine   128
main course   99
main dish   99
make   44
make a living   72
make a mistake   60
make sb. laugh   81
male nurse   69
man   13, 26
management   68
manager   68
many   175
map   113
March   156
mark   61
market   90
marmalade   96
marriage   24
married   14
match   84
material   143
matter   44
May   156
maybe   30
mean   37, 39, 64
meaning   64
means of public
   transport   114
meat   95

mechanic   69
medical   55
medication   56
medicine   56
Mediterranean   122
Mediterranean
   Sea   122
meet   25, 26
meeting   25
Member of
   Parliament   149
memory   29
mentally   52
menu   99
merchandise   136
Merry Christmas!   79
metal   143
metre   174
middle   164
milk   95
millimetre   174
mineral water   97
minister   149
minute   158
mirror   107
miss   115
mistake   60
mobile   131
mobile
   number   14
mobile
   phone   131
modern   77
moment   159
monarch   144
monarchy   144
Monday   157
money   137
month   156
moon   123
moral   147
morning   157
mosque   111
motel   110
mother   22
mother tongue   64
motor   141
motorbike   118
motorway   113
mountain   121
mountains   121
mourning   28
mouse   120, 134
mouth   51

move   102, 168
MP3 player   76
Mr   13
Mrs   13
Ms   13
much   175
muffin   93
multi-storey car
   park   113
murder   155
museum   112
music   75
must   184
mustard   96

N

name   13
narrow   167
nation   146
national   121, 146
nationality   146
native language   64
near   167
nearly   179
neck   51
necklace   21
need   44
neighbour   25
nervous   16
never   161
new   88
news   128
newspaper   128
New Year's Day   80
New Year's Eve   80
next to   164
Nice to meet you.   43
night   110, 157
nightdress   20
no   36, 176
nobody   176
noise   33
non-fiction book   74
noodles   93
noon   157
normal   178
north   123
north of   123
nose   51
not   36
note   70, 138
note down   70

nothing   176
notice   30
not yet   160
noun   63
novel   74
November   156
now   159
nowhere   165
number   172
nurse   69
nursery   66
nursery school   66

O

ocean   122
o'clock   158
October   156
of   181
offer   87
office   70, 152
office chair   70
official   152
offline   132
offspring   22
often   161
oil   96, 143
Okay!   39
old   27
on   181
once   163
onion   94
online   132
online banking   133
only   178
open   87, 102
opera   76
operate   55
operation   55
opinion   39
opponent   84
opposite   165, 178
opposition   149
or   182
orange   94, 170
orangeade   97
order   38, 137, 174
organic   141
out of   166
outside   103
over   163, 164, 177
owe   138
own   49

P

Pacific   122
Pacific Ocean   122
pack   109
page   60
pain   53
paint   77
painting   77
pair   177
pair of briefs   20
pair of jeans   20
pair of pyjamas   20
pair of trousers   20
palace   112
paper   70, 128
parcel   127
Pardon?   37
parents   22
park   113, 119
parking space   113
parliament   149
part   178
participate   82
part of town   113
party   79, 148
pass   99, 169
passenger   114
passport   109
past   158
pasta   93
paste   135
path   122
patience   16
patient   55
pavement   113
pay   72
pay for   100
peace   150
peaceful   150
peach   94
peak   121
pear   94
pen   70
pence   139
penny   139
pension   73
people   25
pepper   96
per cent   139
performance   78
perfume   58
perhaps   30
permission   38
permit   38

persecute   151
person   25
personal   25
personality   15
petrol   119
petrol station   119
pharmacist   69
phone   130
phone back   130
phone call   130
photo   85
photocopier   70
photocopy   70
physical   52
piano   76
picture   77
piece   177
piece of
   furniture   104
piece of paper   70
pig   120
pill   56
pillow   105
pink   170
pizza   98
pizzeria   98
place   112
place of residence   14
plan   47
plane   117
plant   120, 140
plastic   143
plate   107
platform   116
play   75, 78, 85
player   82
playing cards   85
pleasant   15, 31
please   37
pleased   31
pleasure   31, 80
plural   64
pm   157
pocket knife   86
podcast   133
police   57
policeman   69
policewoman   69
polite   15
political   148
politics   148
poor   146
population   145
pork   95

port   117
possible   30
post   67, 127, 133
postcard   127
postcode   127
post office   127
pot   107
potato   94
pound   139
poverty   146
power   142, 148
powerful   142, 148
practice   60
practise   60
prawn   95
pray   147
precise   143
prepare   47
prescribe   55
prescription   55
present   62, 79
president   149
pretty   17
pretzel   93
prevent   38
price   88
printer   134
print out   135
private   145
probably   30
problem   62
profession   67
professor   69
program   134
programme   129
prohibit   38
promise   37
pronounce   65
pronunciation   64
property   49, 101
pub   98
public   145
public transport   114
pull   45
pullover   20
punishment   154
pupil   65
purse   21
push   45
put   44, 45
put on   19
put to sea   118
pyjamas   20

Q

qualify   68
quality   174
quarter   113
quarter of an
    hour   158
queen   144
question   36
queue   89
quickly   168
quiet   35, 75

R

race   82
radio   128
rage   41
rail   116
railway   115
railway station   115
rain   124, 125
Rappen   139
raw   92
razor   58
read   74
reader   74
reason   179
reasonably priced   88
receipt   89
receive   50
reception   110
recommendation   39
record   129
recover   52
rectangle   170
red   170
reduce   140
red wine   97
refugee   151
refund one's
    money   89
region   121
regional   121
register   62
registration   62
regular   161
reign   144, 148
religion   147
religious   147
remain silent   35
remember   29
remove   45
renewable

energies   142
rent   101
repair   137
repeat   60
reply   36
rescue   56
rescue service   57
reservation   100
reserve   100
residence   14
responsible   68
rest   73
restart   134
restaurant   98
retire   73
retirement   73
return   49, 108, 169
return ticket   116
reverse   119
rice   93
rich   146
ride   83
ride a bike   118
right   60, 164
ring   21, 130
ring the bell   106
rise   139
river   122
road   113
road sign   119
roast   92, 98
roll   93
roof   102
room   103
rose   120
rosé   97
rough   143
round   166, 170
round-trip ticket   116
route   119
rubbish bin   107
ruler   144
run   68, 82
run the
    household   106

S

sad   33
safe   150
safety   150
salad   94
salami   95

salary   72
sale   86
salmon   95
salt   96
salty   92
sandwich   98
satellite   123
satisfied   89
Saturday   157
saucer   107
sauerkraut   94
sausage   95
save   56, 135, 138
savings   138
say   34
say thank you   37
scenery   121
schedule   117
schnitzel   98
school   65
Scot   186
Scotland   186
Scottish   186
screen   134
sea   122
search engine   132
seaside   122
season   156
seat   116
second   158
second-hand   88
secretary   68
see   33, 78
seem   30
See you!   42
See you later!   42
selfie   132
sell   86
send   127
sentence   63
separate   24
separated   14
separation   24
September   156
serve   87
service   116
set meal   99
set the table   99
shall   184
shampoo   58
shape   170
sharp   158
shave   58
sheep   120

sheet   70
shelf   105
ship   117
shirt   20
shitstorm   133
shock   54
shoe   20
shoe shop   90
shoot   151
shop   90
shop assistant   68
shopping bag   89
shopping centre   90
short   18, 20
short story   74
shout   41
show   77, 81
shower   105
shower gel   58
shut   102
shut down   134
siblings   22
sick   53
sickness   53
sick to one's
    stomach   53
side   164
sight   111
sightseeing tour   111
sign   153
signature   152
silence   35
silver   143
simple   62
since   160
sing   75
single   14
single room   110
singular   64
sink   118
sister   22
sit   104, 168
size   20
ski   83
skirt   20
sky   123
skype®   131
sleep   46
sleeping bag   110
slice   93
slim   18
slow   168
slowly   82
small   18

smartphone   131
smell   34
smile   31
smoke   54
smooth   143
snack   98
snow   126
soap   58
social   145
social network   133
society   145
sock   20
sofa   105
soft   143
software   134
soil   121
soldier   150
sold out   88
some   175
somebody   176
someone   176
something   175
sometimes   161
somewhere   165
son   22
song   75
soon   162
Sorry?   37
sort   174
sound   33
soup   98
sour   92
south   123
south of   123
space   123
sparkling water   97
sparkling wine   97
speak   34
speciality   98
speech   34
spell   63
spend   88
spend the night   110
spicy   92
spirit   147
spoon   107
sport   82
spring   156
square   113, 170
staff   68
stage   78
stairs   103
stamp   127
stand   46

star   123
start   84, 163
starter   99
state   152
station   115
stay   101, 169
steak   95
steal   155
stereo   76
stink   34
stop   114, 163
store   90
storm   125
stormy   125
story   74
strawberry   94
street   14, 113
strength   54
strike   73
strong   54
student   65
studies   66
study   59
stupid   16
stupidity   16
subject   66, 145
subscription   128
suburb   113
suburban train   114
suddenly   162
suffer   52
sugar   96
suit   20
suitcase   109
suit sb.   19
summer   156
sun   123
Sunday   157
sunglasses   21
supermarket   90
supper   99
support   48
surgery   56
surgery hours   55
surname   14
surprise   32
survive   57
sweater   20
sweet   92, 96
sweet pepper   94
sweets   96
swim   83
swimming pool   83
swimming trunks   20

swimsuit   20
Swiss   185
Swiss Franc   138
Switzerland   185
synagogue   111
system   143

T
table   105
take   50, 160
take an interest in   59
taken aback   28
take off   19, 117
take pictures   85
talk   34, 35
tall   17
tap   105
taste   91
tax   140
taxi   118
tea   97
teach   65
teacher   69
team   68
teaspoon   107
telephone   130
telephone
  number   14
television   128
tell   34, 35
temperature   53, 124
tent   110
terminal   117
terrace   104
terrorism   151
test   61
text   74, 131
text message   131
than   178
thank   37
Thank you!   37
Thank you very
  much!   37
that   182
That doesn't
  matter.   43
that is to say   40
theatre   78
the day after
  tomorrow   159
the day before
  yesterday   159

the east of   123
theft   155
then   161
the north of   123
there   165
the south of   123
the west of   123
thin   18
thing   44
think   29
thirst   91
thirsty   91
thought   29
throat   51
through   166
throw   82
thunderstorm   125
Thursday   157
ticket   78, 114
ticket office   115
tidy   106
tidy up   102
tight   19
till   89, 160
Till tomorrow!   42
time   158
timetable   66, 115
tip   100
tired   46
tiring   47
tissue   58
title   74
to   158, 166, 179
toast   93
today   159
together   178
toilet   103
tomato   94
tomorrow   159
ton   174
tongue   51
tonne   174
too   179
tool   86
tooth   51
toothbrush   58
toothpaste   58
touch   33
tourism   109
tourist   109
touristy   109
towards   166
towel   107
tower   112

town 112
toy 86
track 116
tradesman 69
trade union 73
traffic 118
traffic lights 119
train 82, 115
tram 114
transfer 138
translate 64
translation 64
travel 108
travel agency 109
treat 55
treatment 55
tree 120
trial 153
triangle 170
trip 108, 111
trouble 41, 62
trousers 20
true 129
truth 129
try 47
try hard 47
try on 19
T-shirt 20
Tuesday 157
tuna 95
turn 45, 168
turn off 104
turn on 104
turnover 136
TV 128
twice 163
twitter® 133
type 174
tyre 119

U

ugly 17
umbrella 21
uncertain 48
uncle 22
unconscious 54
under 164
underground 114
understand 59
unemployed 71
unemployment 71
unfaithful 24

unfriendly 15
unhappy 31
unimportant 40
United States 186
university 66
unjust 154
unpleasant 15, 31
until 160
up 166
upset 41
upstairs 165
USB port 134
use 44
useful 142
useless 142
user name 132
usually 161

V

valid 109
veal 95
vegan 93
vegetable 94
vegetarian 93
verb 63
victim 154
victory 84
village 112
vinegar 96
violet 170
violin 76
visit 26, 111
voice 75

W

wage 72
waiter 69
wait for 114
waitress 69
wake 46
walk 168
wall 103
want 37
want 184
war 150
wardrobe 105
warm 124
warmth 124
warm up 92
wash 57, 106

washing
  machine 107
wastepaper
  basket 70
watch 21
watch TV 128
water 122, 141
wave 122
way 179
weak 54
wealth 145
weapon 151
wear 19
weather 124
wedding 23
Wednesday 157
week 156
weekend 156
Welcome! 43
well 61
west 123
west of 123
wet 125
what 180
when 180
where 180
which 180
white 170
white wine 97
Whitsun 80
who 180
why 180
wide 20
widow 28
widowed 14
widower 28
wife 24
Wi-fi 131
will 183
win 84
wind 125
window 103
windy 125
wine 97
winner 84
winter 156
winter sports 83
wish 37
with 181
within 182
without 181
witness 154
woman 13
wonder 29

wood 120, 143
wool 143
word 63
work 67, 77, 141
work as 67
worker 71
working day 157
workshop 137
world 123
worry 32
wound 53
wrath 41
wristwatch 21
write 70, 74
wrong 60

Y

year 156
yellow 170
yes 36
yesterday 159
young 27
youth 27
youth hostel 110

Abbreviations

A	Austrian (österreichisch)
acc	accusative (Akkusativ)
adj	adjective (Adjektiv)
adv	adverb (Adverb)
CH	Swiss (schweizerisch)
conj	conjunction (Konjunktion)
dat	dative (Dativ)
etw.	something (etwas)
f	feminine (Femininum)
interj	interjection (Interjektion)
j-m	someone (jemandem)
j-n	someone (jemanden)
m	masculine (Maskulinum)
n	neuter (Neutrum)
n	noun (Nomen)
n f	noun feminine (Nomen Feminum)
n m	noun masculine (Nomen Maskulinum)
n m-f	noun masculine and feminine (Nomen Maskulinum und Feminum)
n n	noun neuter (Nomen Neutrum)
nom	nominative (Nominativ)
phrase	phrase (Phrase)
prep	preposition (Präposition)
pl	plural (Plural)
sg	singular (Singular)
v	verb (Verb)
v-aux	auxiliary verb (Hilfsverb)
v-irr	irregular verb (unregelmäßiges Verb)
v-sep	separable verb (trennbares Verb)
v-sep-irr	separable irregular verb (trennbares und unregelmäßiges Verb)